Gisela Matthiae

ÜBERMÜTIG

52 Unterbrechungen, Umwege und Überraschungen

Patmos Verlag

VERLAGSGRUPPE PATMOS

PATMOS
ESCHBACH
GRÜNEWALD
THORBECKE
SCHWABEN

Die Verlagsgruppe
mit Sinn für das Leben

MIX
Papier aus verantwortungsvollen Quellen
FSC® C089473

Für die Verlagsgruppe Patmos ist Nachhaltigkeit ein wichtiger Maßstab ihres Handelns. Wir achten daher auf den Einsatz umweltschonender Ressourcen und Materialien.

www.patmos.de

Umschlaggestaltung: Finken & Bumiller, Stuttgart
Gestaltung, Satz und Repro: Schwabenverlag AG, Ostfildern
Druck: Beltz Bad Langensalza GmbH, Bad Langensalza
Hergestellt in Deutschland
ISBN 978-3-8436-0949-4

Inhalt

Einleitung 7

1 Anfangen 8
2 Warm-up 10
3 Wolkenbruch 12
4 Hoeni poi palita 13
5 Glückseligpreisungen 14
6 Zauberhaftes Glück 17
7 Mind the gap 20
8 W/ORTE 22
9 Hindurchschlüpfen 23
10 So oder so 24
11 Stühle rücken 26
12 WITZE – zwischen Himmel und Erde 28
13 „Haben Sie Humor? ... wenn Sie alleine sind?“ 31
14 A crack in everything 34
15 Es ist verboten 37
16 Gymnastik in der Kurklinik zu Bad Gendersheim 39
17 Papierdialoge 43
18 Ich mag ... 45
19 Hinaus ins Freie 46
20 Gleichzeitig 49
21 We are all immigrants 51
22 Körperkardiologie 52
23 Hat Gott Humor? 55
24 Regenlücken 58
25 profanheilig 60
26 Ich bin doch nicht blöd 63
27 Lachsteine 64
28 Mit meiner Handtasche könnte ich spontan das Land verlassen 67
29 flüchtig 69
30 Lass es einfach! 70
31 Am Strand 72
32 Schwärmen 74
33 Großstadteremitagen 78
34 Der kleine Humor-ratgeber 81
35 Brunnenrand 82
36 Fundstücke 84
37 (Dr)unter und (Dr)über 86
38 Ich bin so frei 90
39 Gott steckt im Detail 92
40 Fragen 94
41 Wussten Sie? 97
42 Beleuchtungswechsel 98
43 Versprechen 100
44 Heute fällt 101
45 Intervalle 103
46 Kleine Zeichen, die „Ja“ sagen 106
47 heilsnotwendig 109
48 Leicht 110
49 Jubelnde Füße 112
50 Faulpelz 114
51 Visionen 117
52 RÜCKWÄRTS 120

Statt eines Nachworts 122
Quellen- und Bildnachweise 127

12
1
2
3
4
5
6
7
8
9
10
11

Einleitung

Irgendwann am Tag ertönt ein Piep- oder ein Klingelton. Zeit, um für einen Augenblick alles stehen und liegen zu lassen, sich in eine angenehme Position zu bringen und einem Text oder den eigenen Gedanken nachzuhängen. Kurze Unterbrechung mitten im Alltag. Das ist die Idee hinter diesem Buch. Für jede Woche ein Text, mal kürzer, mal länger, mal poetisch, mal ganz praktisch, dazu ein Foto.
Jeder Woche ist außerdem eine Uhrzeit zugeordnet. Es ist eine Art Stundenbuch, nur dass die Zeiten Woche für Woche variieren und ziemlich schräg sind. Wer hört schon um 11.13 Uhr für einen Moment auf zu arbeiten? Oder wer unterbricht den Feierabend mal eben um 21.34 Uhr? Aber warum eigentlich nicht? Seien wir übermütig! Den Kochlöffel mal ablegen und die Platte wieder ausschalten. Den Laptop zuklappen und aus dem Fenster schauen. Im Bus die Augen schließen und ein bisschen träumen. Den Fernseher ausschalten und sich ein bisschen strecken. Das Handy aus der Hand legen. Den Redefluss stoppen.
Sich unterbrechen zu lassen, kann eine wohltuende Pause einläuten. Ein kleiner Ausstieg aus dem Alltagstrott, eine kurze Verweigerung, mal nicht verfügbar sein.

Pausen tun immer gut, besonders wenn man sich überfordert fühlt oder überlastet ist, den Überblick verloren hat. Und solche merkwürdigen Pausen tun erst recht gut.

Hinterher wird manches anders weiterlaufen – die Gedanken, die Gespräche, das Tempo, die Auswahl der weiteren Aktivitäten. Es könnte sich etwas verändern – in der Einstellung, in der Sorge um sich selbst und um die anderen, in der Einschätzung dessen, was wichtig und was weniger wichtig ist. Ja, also dann: Seien wir übermütig!

1 Anfangen

Im neuen Jahr werde ich nichts anfangen.

Ich werde keine Diät machen.
Ich werde mir kein neues Kleid kaufen.
Ich werde mir kein neues Urlaubsziel ausgucken.
Ich werde kein neues Instrument erlernen.
Ich werde mir keine neue Frisur zulegen.
Ich werde keinen neuen Sparvertrag abschließen.
Ich werde kein neues Möbelstück anschaffen.
Ich werde mich auf keine neue Stelle bewerben.
Ich werde mir kein neues Auto kaufen.
Ich werde keinen neuen Fitnesskurs besuchen.
Ich werde mir kein neues Hobby zulegen.
Ich werde mir keine neuen Pflanzen für den Balkon kaufen.

Stattdessen
werde ich mal im Regal nach den ungelesenen Büchern
sehen.
Ich werde meine Gitarre auspacken und probieren,
welche Griffe ich noch kann.
Ich werde eine alte Freundin anrufen und mich erkundigen,
wie es ihr in der Zwischenzeit ergangen ist.
Ich werde die Turnschuhe anziehen, die noch nicht zu sehr
ausgelatscht sind, und damit einfach aufs Feld laufen.
Ich werde alle alten Gläschen und Dosen und Packungen
mit Lebensmitteln aufbrauchen.
Ich werde den Lavendel vom letzten Jahr so hinstellen,
dass er neu treibt.
Ich werde die Änderungsschneiderin fragen, ob sie mir
das Kleid weiter machen kann.

Ich werde meine Kollegen jeden Morgen freundlich grüßen und dabei ansehen.
Ich werde im Keller nach den letzten Fläschchen Wein suchen und sie mit meinen Nachbarinnen trinken.
Ich werde überlegen, welche Art von Bewegung mir als Kind schon viel Spaß gemacht hat, und es nochmal versuchen.
Ich werde mich in die alte Decke wickeln, auf den Balkon setzen und in den Sternenhimmel blicken.

Dann habe ich nichts Neues angefangen und trotzdem nicht alles beim Alten gelassen.

2 Warm-up

Auf einem Bein stehen, das andere anheben und
mit dem Fuß wippen.
Damit beim Sprung ins neue Jahr nichts knackst.

Mit beiden Beinen und angewinkelten Knien fest auf
dem Boden stehen, die Hände in die Hüfte stemmen und
genüsslich mit dem Becken kreisen.
Das gibt Kraft und Schwung für alles, was da kommen mag.

Mit beiden Händen durch die Haare wühlen und die Kopfhaut massieren.
Dabei auch an die Ohren greifen und sie freundlich reiben.
Diese Übung immer, bevor es so weit kommt, dass man sich
die Haare raufen will!

Sich so hinstellen, als wolle man mit Skiern einen Berg
hinunterwedeln.
Die Arme links und rechts vom Körper weit hin- und
herschwingen, gleichzeitig und versetzt.
Achtung: Gleich könnten Sie abheben!
Sollte sich das einstellen, dann einfach hüpfen, wenn
beide Arme mit Schwung hinten sind. Für alle Situationen,
in denen man den Wunsch verspürt, fliegen zu können.

Sich mit beiden Händen an eine Wand lehnen,
der ganze Körper ist angespannt und gerade wie
ein Bügelbrett.
Sich abstoßen und der Wand wieder näherkommen,
die Kraft im ganzen Körper spüren.
Im Ernstfall die Wand durchbrechen.

Die Schultern beim Einatmen hochziehen und mit
einem Seufzer entspannt wieder fallen lassen.
Das schafft eine kleine Pause und entspannt enorm.
Dreimal hintereinander und das ganze Jahr über
so oft wie möglich und in allen Lebenslagen,
besonders den unangenehmen.

Die Zunge weit rausstrecken und versuchen,
die Spitze ans Kinn zu legen.
Dabei mit den Augen rollen und bedrohliche Töne
ausstoßen.
So können Feinde und böse Geister im neuen Jahr
vertrieben werden.

3 Wolkenbruch

Mal hinüberschauen können, das ganz große Bild sehen,
the big picture.
Die Warum-Fragen klären.
Verstehen, wann alles seinen Anfang genommen hat
und worauf es hinausläuft.
Kapieren, ab wann es schiefgelaufen ist.
Sehen, was noch alles möglich gewesen wäre.
Verstehen, was richtig war und was falsch.
Den entscheidenden Hinweis für die anstehende Entscheidung
erhalten.
Erfahren, ob da nicht noch mehr ist.
Ergründen, ob Leiden irgendeinen Sinn hat.
Herausfinden, ob es eine größere Wahrheit gibt.
Feststellen, ob die Liebe wirklich das Größte ist.
Erkennen, was das ist, das die Welt im Innersten zusammenhält.

Manchmal stellt sich der Durchblick ganz anders ein.
Da ist es, als läge nur ein feiner Schleier über allen Dingen,
der auf einmal hochgehoben wird. Das ist Transparenz.

4 Hoeni poi palita

Se ompalo irta pem, u vi dokalame supara.
Önifosu exe wa, tifala suhindara ewosi extra.
Pürlavanta sanki pertrufsado peipola,
incara extosi böstora sut.

Einnäniwa komporo klitz, isfara duffda put.
Sosalemmi wax for, ugfroto quo po wänt.
Kleidarontan wurta säk xentisa,
äwichta supsora woist icht.

Kataranti pu sichta, ex forra ti la.
Präsatara vux limar, sopri wechda urt.
Scharusti plix helido uflo,
dolharta wospasa tenfito plot.

5 Glückseligpreisungen

In der Bergpredigt – zu finden im Neuen Testament im Matthäusevangelium – wird behauptet, dass die glücklich werden, nein, schon sind, die nicht gerade glücksfördernde Strategien an den Tag legen und unter viel Unglück zu leiden haben. Solche, die sich nach einem besseren Leben in Frieden und Sicherheit sehnen.

Übersetzt wurde aus dem Altgriechischen meist mit „selig", was von der Wortbedeutung her genauso gut „glücklich" heißen kann. Ich verbinde es zu einem „selig vor Glück" oder eben einem „glückselig". „Glückselig, die hungern und dürsten nach Gerechtigkeit. Sie sollen satt werden!"

Was nach einem Scherz klingt, sind vollmundige, verrückte Zusagen. Verrückt und humorvoll genug, um sie für heute umzuschreiben. Hier also weitere Fassungen der Glückseligpreisungen, die bei Matthäus im Kapitel 5 nachgelesen werden können – und sie dürfen fortgeschrieben werden.

Glückselig die Unscheinbaren,
    denn sie geben anderen die Möglichkeit zu glänzen.
Glückselig die Wasserscheuen,
    denn sie werden nie in einen Strudel geraten.
Glückselig die Übermütigen, denn sie haben Mut über.
Glückselig die Flüchtlinge,
    denn sie bringen die Sesshaften auf Trab.
Glückselig die, die Abschied nehmen,
    denn sie können neu anfangen.
Glückselig die, die sich verlaufen,
    denn sie werden neue Wege finden.
Glückselig die Langsamen, denn sie sind länger unterwegs.
Glückselig die Behinderten, denn sie weisen den Weg.
Glückselig die Schwarzen, denn sie machen die Welt bunter.

Glückselig die Blinden, sie nehmen uns an der Hand.
Glückselig die Leisen, denn sie lassen uns genau zuhören.
Glückselig die Nachdenklichen,
denn sie werden zu Vordenkern werden.
Glückselig die, die schlecht hören, denn sie werden gut schlafen.
Glückselig die morgens Faltigen, denn sie werden sich entfalten.
Glückselig die Schnupfnasen, denn ihnen wird nichts stinken.
Glückselig die Facebook-Geschädigten,
denn ihr Profil wird neu erstellt werden.
Glückselig die armen Schlucker,
denn ihr Lachen wird ihnen nicht im Hals stecken bleiben.
Glückselig die Vergesslichen, denn sie lernen jeden Tag.
Glückselig die Ungenießbaren, denn sie werden nicht verzehrt.
Glückselig die Kleinen, denn sie kommen groß raus.
Glückselig die Verrückten, denn sie sind ein Stück weiter.
Glückselig die Naiven, denn ihre Augen entdecken die Welt neu.
Glückselig die, die im Schatten sind,
denn sie bekommen keinen Sonnenbrand.
Glückselig die Überforderten,
denn sie werden ihre Grenzen finden.
Glückselig die Glatzköpfigen, denn sie verfangen sich nicht
so leicht in haarigen Angelegenheiten.
Glückselig die Vorsichtigen,
denn sie sehen die neue Welt voraus.
Glückselig die, die nicht gehen können,
denn sie können die Welt neu erfinden.
Glückselig die Grenzgänger. Sie tarieren die Welt neu aus.
Glückselig die, die down sind, denn sie sorgen für Tiefgang.
Glückselig die Ahnungslosen. Sie werden die Wissenden sein.
Glückselig die musikalisch Unbegabten,
denn sie werden neue Töne von sich geben.
Glückselig die, die morgens auf dem Schlauch stehen,
zum Fließen genügt ein kleiner Schritt.

Glückselig die Vergesslichen,
denn sie haben Platz für neue Ideen.
Glückselig die, die im Nebel stehen,
denn sie werden das Naheliegende sehen.
Glückselig alle jene, für die Glücksmomente einmalig sind,
sie werden ständig neue erleben.

6 Zauberhaftes Glück

Als Kind habe ich noch gezaubert, mit Tellern, Blättern, Steinen und Stoffen. Ganze Welten habe ich erzaubert, mich darin bewegt, mit besonderen Wesen gesprochen, ihnen dies und das aufgetragen. Sie haben alles gemacht, was ich wollte. Ich habe allem einen Namen gegeben, auch mir selbst. Stets passierte etwas Tragisches, dann habe ich einen Zauberspruch gemurmelt und etwas zusammengerührt aus den Fläschchen und Tuben im Bad, und schon war alles wieder gut. Das war ein Glück! Ich habe es oft mit meiner Freundin geteilt, wir konnten beide gut zaubern.

Und erst meine Mutter, wie konnte sie gut zaubern! Sie zauberte die schönsten Röcke, sogar mit Falten. Sie zauberte so sehr, dass es im Garten im Frühjahr überall zartgrün zu sprießen begann. Auf die Teller zauberte sie heiße, duftende Zwetschgenknödel und ein Kartoffelgulasch, das kein Fleisch vermissen ließ.

Auch mein Vater zauberte. Er mischte mit einer großen Schaufel irgendetwas Knirschendes zusammen, goss Wasser darauf, mischte weiter, und am Ende entstanden da harte Steinplatten oder Mäuerchen. Auch zauberte er aus seiner großen Tasche regelmäßig einmal in der Woche eine Tafel Schokolade hervor. Meine Eltern unterhielten sich manchmal in einer Zaubersprache. Ja, meine Eltern konnten zaubern, auch noch, nachdem ich längst durchschaut hatte, wie sie es machten.

Das war das Glück meiner Kindheit.

„Man muss Glück haben!"

Das sagen heutzutage die einen und meinen damit das Zufallsglück. Das ist wie Schwein haben, Dusel, Massel. Dann ist man ein Glückspilz, vielleicht befindet man sich sogar in einer Glückssträhne. Mitunter möchte man nachhelfen mit Glücksbringern.

„Jeder ist seines Glückes Schmied!"

Das sagen die anderen und meinen, das Glück sei hart zu erkämpfen. Zumindest müsse man dafür schwer arbeiten. Im Englischen heißt es dann „The pursuit of happiness", und es handelt sich um Leistungsstreben auf dem harten Arbeitsmarkt. Sein Glück machen.

„Es gibt kein anderes Glück,
als sich der Zauberei fähig zu fühlen!"

So aber sagt es der italienische Philosoph Giorgio Agamben.[2] Sofort denke ich an meine längst verloren geglaubten Zauberkräfte und versuche herauszufinden, wie ich sie wieder wecken könnte. Auf keinen Fall würde mich jenes Glück glücklich machen, das ich mit Verdienst und Mühe zu erreichen versuchen müsste. An so einem erarbeiteten Glück hätte ich kein Vergnügen. Es macht vielleicht zufrieden, was auch schon was ist. Es lässt mich vermutlich gut leben, ebenfalls nicht zu verachten. Aber es würde nicht diese Leichtigkeit und dieses Vergnügen bereiten, das ich Glück nennen möchte. Glück kann man nicht verdienen, weder mit Arbeit noch mit einem moralisch einwandfreien Lebenswandel. Wenn das Glück so herstellbar wäre, dass ich es mir buchstäblich verdient hätte, könnte ich mir tatsächlich etwas darauf einbilden? Super gemacht, toll! Glück wäre dann so etwas wie eine

Auszeichnung, im Vergleich anderen gegenüber. Mag sein, dass das bei einigen Menschen funktioniert, bei mir nicht. Ich kann schlecht glücklich sein, wenn andere es offensichtlich nicht sind. Und sie hätten es auch verdient, einfach so.

Weder will ich warten, bis mir das Glück zufällt, noch will ich versuchen, mein Glück zu machen. Lieber übe ich mich wieder im Zaubern. Und siehe da, so schwer ist es gar nicht. Erst gestern habe ich eine wunderbare Gemüsesuppe gezaubert. Ich muss da ein Gewürz erwischt haben, das der Suppe einen ganz besonderen Geschmack verliehen hat. Oder war es mein Gesang beim Kochen? Später beim Essen, da waren alle so vergnügt wie schon lange nicht mehr. Ich glaube, ich kann es noch, das Zaubern!

7 Mind the gap 08:07

„Bitte beachten Sie beim Aussteigen
den Abstand zwischen Zug und Bahnsteigkante!"

15 Zentimeter breit ist der Spalt, ungefähr einen Meter geht es in die Tiefe.
Ich würde nicht durchpassen.

Aber es könnte mir was auf die Gleise fallen, ich könnte mit dem Absatz hängen bleiben, ich könnte stolpern, während sich die Türen schon schließen, ich wäre eingeklemmt, jemand würde versuchen, die Türen wieder aufzustemmen, der Zugführer würde fluchen, ich hätte mich verletzt, er würde einen Sanitäter rufen, jemand würde mir raushelfen, weil mein Fußgelenk schmerzen würde, dabei würde mir jemand den Geldbeutel aus der Tasche stehlen …

Nein, ich springe!

An diesem Tage noch viele Male.
Auf die Rolltreppe und später in den Paternoster.
Über die Pfütze.
Über die Rabatte auf die Wiese.
Die drei Stufen vor dem Geschäft hinunter.
Mit dem Seil bei der Gymnastik.
Auf den weißen Zebrastreifen und von einem zum andern.
Rauf und runter von der Bordsteinkante.

Ich könnte mir den Knöchel verstauchen, ich könnte übel aufkommen oder umkippen, auf die Straße fallen, ausgelacht werden, jemand würde lästern über mein Alter, jemand anderes würde meine Tasche vom Boden aufheben und fragen, ob ich einen Arzt brauche, ich würde fürchten, dass ich mir was gebrochen habe …

Nein, nichts passiert. Ich springe!

Enjoy the gap!

8 W/ORTE

„Seine Mutter hat ihm gesagt:

Du musst dir einen Ort suchen, in dir und um dich herum. Einen Ort, der zu dir passt, zumindest teilweise."

Himmelbett
Friedwald
Blümchenwiese
Friedensplatz
Marmorsäule
Blautopf
Würgebachtal
Erzgebirge
Seidenstraße
Klettergerüst
Blätterwald
Rippenbogen
Zauberberg
Uferpromenade
Taufbecken
Meditationskissen
Ohrmuschel
Linsengericht
Flickenteppich
Brunnenrand
Teppichstange
Orgelempore
Hochseilgarten
Waldboden
Luftschloss
Fassboden
Lebensmittelpunkt
Kontrapunkt
Steinwüste
Parkbank

9 Hindurchschlüpfen

Während die Türen der U-Bahn zugehen,
noch schnell reinspringen.
Eine Minute vor Kursbeginn, außer Atem,
in den Gruppenraum treten.
Noch während des Orgelvorspiels in die
Kirchenbank rutschen.
Nach der Pause auf den einen freien Platz
vorne im Parkett huschen.
Obwohl der Vorspann schon läuft, noch schnell
an der Kinokasse Knabberzeug holen.
Kurz vor Ladenschluss noch im Supermarkt drei,
vier Zutaten fürs Abendessen suchen.
In der knappen Mittagspause ein Eis beim Italiener
für alle holen.
Bevor der Zug abfährt, dem Freund noch einen
heißen Kaffee reinreichen.
Ins Auto springen und spontan den
ewig aufgeschobenen Besuch machen.
Bei heftigem Regen schnell rüber ins Lokal rennen.
Noch an den Schalter für Konzertkarten treten,
obwohl alles ausverkauft ist, und die letzte,
nicht abgeholte Karte ergattern.

10 So oder so 18:04

Die einen gehen lieber ans Meer,
die anderen lieber in die Berge.

Die einen sind grundsätzlich mindestens fünf Minuten
vor Abfahrt des Zuges am Bahnhof,
die anderen kommen knapp vorm Schließen der Türen
an und können es nicht leiden, wenn sie eine Minute zu
lang auf dem Bahnsteig herumstehen müssen.

Die einen trinken Cappuccino mit Milch,
die anderen mit Sahne.

Die einen wohnen gerne im Parterre,
die anderen lieber unterm Dach.

Die einen essen aus Überzeugung kein Fleisch,
die anderen essen es mit Appetit.

Für die einen kann der Sommer nicht zu heiß sein,
die anderen stöhnen bereits bei 20 Grad.

Die einen gehen bei Rot über die Ampel,
die anderen tun das niemals, auch nicht nachts um drei.

Die einen leben zufrieden auf dem Land,
die anderen in der Stadt.

Die einen tragen stets Bedenken mit sich herum,
die anderen wischen sie am liebsten beiseite.

Die einen hören alle Arten von Pop,
die anderen Klassik und Neue Musik.

Die einen haben eine Hautfarbe in verschiedenen Brauntönen,
die anderen sind irgendwas zwischen beige und weiß.
(Also was soll „hautfarben" sein?)

Die einen können gut rechnen,
die anderen mit Zahlen nicht so viel anfangen.

Die einen sprechen druckreif,
die anderen gebrochen.

Die einen sind morgens putzmunter,
die anderen abends.

Die einen schlucken den Ärger runter,
die anderen lassen ihn raus.

Die einen glauben an ein Leben nach dem Tod,
die anderen an eines davor.

Und dann die vielen dazwischen.

11 Stühle rücken

Bevor man auszieht, nimmt eine Wohnung plötzlich eine ganz andere Gestalt an, und man fragt sich, wieso man sie nicht früher auch schon so wahrgenommen hat. Plötzlich steht der Sessel in einer Ecke, in der er noch nie stand. Die Perspektive von hier aus ist eine völlige fremde. Auf einmal kann man hinüber in die Nachbarwohnung blicken und sieht schattenhaft jemanden in der Küche hantieren. Die Pflanze, eine ausufernde Palme zwischen den beiden Fenstern, lässt das ganze Zimmer auf einmal so grün wirken. Obwohl sich an der rechten Wand die braunen Umzugskartons ins Unendliche zu stapeln scheinen. Jetzt, wo das Fensterbrett frei ist, bietet es einen schönen Sitzplatz. Weit über die Dächer kann man von hier aus sehen. Bislang war es voller Pflanzen. Ob sie den Ausblick wohl genossen haben? Die leer geräumten Regalbretter mit den Spuren der herausgenommenen Bücher scheinen einen geradezu anzustarren. Jetzt liegt in ihnen da ein Lappen, dort eine Kerze und hier ein Krokodil aus Blech zum Aufziehen. In welche Kiste sollte das gepackt werden? Der Tisch steht jetzt mitten im Zimmer, weil an den Wänden ja alles voll ist mit Kartons. Das vermittelt so ein Gefühl von Oase. Mitten im Chaos ein Tisch mit Getränken, Brot, einem großen Stück Käse, abends auch einer Flasche Rotwein.

Und wenn man nicht auszieht?
Dann könnte man sich einen Stuhl nehmen und diesen an einen Ort stellen, an dem er noch nie stand. Dort könnte man mal Kaffee trinken und sich von hier aus umsehen. Bei dieser Gelegenheit würde man das eine Buch entdecken, das man schon so lange sucht. Man könnte sich statt auf das Sofa vor das Sofa setzen und sich daran anlehnen. Das Zimmer wirkt

möglicherweise jetzt wesentlich größer. Verlockend könnte auch die eine Zimmerecke sein, in der immer das Zeug gestapelt ist, von dem man nicht weiß, wohin damit. Diese Ecke eignet sich für einen persönlichen Rückzug, wenn man mal nicht weiß, wohin mit sich. Nahezu erquicklich könnte es sein, auf der Arbeitsplatte in der Küche Platz zu nehmen und sich dort wie ein Brotteig auszubreiten. Hier können die Beine frei baumeln, oder man stellt sie auf den Stuhl, der seit einiger Zeit nahezu täglich einen anderen Standort hat.

12 WITZE – zwischen Himmel und Erde

Treffen sich zwei Mütter und unterhalten sich über ihre jugendlichen Söhne. „Mein Sohn macht einfach gar nichts. Zum Glück hat er jetzt angefangen zu meditieren!" – „Ist doch nicht schlecht, jedenfalls besser, als den ganzen Tag herumzusitzen und nichts zu tun."

***

Jean-Paul Sartre sitzt in einem französischen Café und korrigiert seinen Entwurf „Das Sein und das Nichts".
Er sagt zur Kellnerin: „Ich möchte eine Schale Kaffee, aber bitte ohne Sahne."
Die Kellnerin antwortet: „Monsieur, ich bin traurig, aber wir haben keine Sahne mehr. Wie wäre es mit einem Kaffee ohne Milch?"

***

Ein Ingenieur, ein Physiker, ein Mathematiker und ein Mystiker wurden gebeten, die größte Erfindung aller Zeiten zu nennen. Der Ingenieur wählte Feuer, das der Menschheit Macht über die Materie gab. Der Physiker wählte das Rad, das der Menschheit Macht über den Raum gab. Der Mathematiker wählte das Alphabet, das der Menschheit Macht über Symbole gab. Der Mystiker wählte die Thermosflasche.
„Warum eine Thermosflasche?", fragten die anderen.
„Weil die Thermosflasche heiße Flüssigkeiten im Winter warm hält und kalte Flüssigkeiten im Sommer kühlt."
„Ja – und ... ?"
„Denken Sie nach", sagte der Mystiker ehrfürchtig. „Diese kleine Flasche – wie kann sie es wissen?"

***

Das Volk war mit Mose 40 Jahre lang in der Wüste! Was für eine lange Pilgerreise, dabei ist der Weg doch gar nicht so weit. Aber, na ja, Männer fragen halt nicht nach dem Weg.

***

Ein altes Ehepaar stirbt fast zeitgleich und landet bei Petrus. Erfreut schauen sie sich um und sind immer beeindruckter, als sie über grüne Wiesen geführt werden und zu einem weißen Haus kommen mit vielen wunderschönen Räumen. Sie gehen durch das Haus, und in jedem Raum wird es schöner und schöner. Das sei jetzt ihres, heißt es. Da wendet sich der Mann an die Frau und sagt: „Siehst du, wie schön das hier ist. Aber du mit deinen Knoblauchpillen! Das hätten wir schon viel eher haben können.“

***

Physik ist, wenn jemand in einem dunklen Raum mit verbundenen Augen eine schwarze Katze sucht.
Philosophie ist, wenn jemand in einem dunklen Raum mit verbundenen Augen eine schwarze Katze sucht, die gar nicht da ist.
Theologie ist, wenn jemand in einem dunklen Raum mit verbundenen Augen eine schwarze Katze sucht, die gar nicht da ist, und ruft: „Hurra, ich hab sie!“

***

Sherlock Holmes kommt in den Himmel und begrüßt als erstes Eva und danach Adam mit Namen. Darauf erwidert Adam ganz verdutzt: „Wie haben Sie uns denn so schnell erkannt?” – „Ganz einfach kombiniert: Sie sind die beiden Einzigen ohne Bauchnabel!“

***

Der Pfarrer bringt dem Bauern, der sich ein Bein gebrochen hat, ein Buch von Wilhelm Busch. Nachdem er wieder gesund ist, bringt dieser das Buch zurück.
„Und, wie hat Ihnen das Buch gefallen?“, fragt ihn der Pfarrer. „Och ja, wenn ich nicht gewusst hätte, dass es sich um die Bibel handelt, ich hätte ganz schön lachen können.“

***

Ein Bergsteiger rutscht plötzlich aus und kann sich gerade noch an einem winzigen Felsvorsprung festhalten. Als seine Kräfte nachlassen, blickt er verzweifelt zum Himmel und fragt: „Ist da jemand?«
„Ja.«
„Was soll ich tun?«
„Sprich ein Gebet und lass los.«
Der Bergsteiger nach kurzem Überlegen: „Ist da noch jemand?«

***

Was ist der Unterschied zwischen Gott und dem Präsidenten?
Gott hält sich nicht für den Präsidenten.

***

Der Theologiestudent wird im Examen nach dem Philipperbrief gefragt. Nach einigem Zögern zitiert dieser: „Freuet euch!“ und verstummt dann wieder. „Nun“, sagt der Prüfer, „das ist ja mal ein Anfang. Fällt Ihnen nicht mehr dazu ein?“ Darauf der Student: „Und abermals sage ich euch: Freuet euch!“

13 „Haben Sie Humor? … wenn Sie alleine sind?"

So fragt Max Frisch in einem seiner berühmten Fragebögen. Humor und Lachen werden gerne mit Geselligkeit in Verbindung gebracht. Alle kennen gute Witzeerzähler oder schlagfertige Menschen, die ganze Runden zum Lachen bringen können. Kommt der Dalmatiner in den Supermarkt. Fragt die Verkäuferin: Sammeln Sie Punkte? So jemanden lädt man gerne ein. Auch bei der Arbeit freut man sich an Menschen, die mal mit einem flotten Spruch für Entspannung und Heiterkeit in einer schwierigen Situation sorgen. Humor gilt als soziales Schmiermittel, das Menschen miteinander verbindet. Humor wird in Lernsituationen geschätzt, weil er Ängste abbaut und das Lernen erleichtert. Lachen ist heilend, was im Gesundheitswesen, in der Pflege und der Therapie sehr geschätzt wird und mittlerweile auch mit Studien vielfach belegt ist.

Dabei geht es beim Humor in erster Linie um eine Haltung, die bei einem selbst ansetzt. Also um den Umgang mit sich selbst. Und außerdem bewährt sich Humor gerade dann, wenn es eigentlich überhaupt nichts zum Lachen gibt. Anschaulich wird dies bei der Geschichte mit dem Spaziergänger, dem eine Taube aufs blütenweiße Hemd macht. Da denkt er sich, wie gut, dass Kühe nicht fliegen können.

Wie kommt man auf so was? Viele behaupten ja, Humor sei irgendwie angeboren und manche könnten eben Witze erzählen, andere nicht. Humor ist grundsätzlicher, eben eine Einstellungssache. Wie gehe ich mit den Miseren des Lebens um? Den großen und den kleinen? Mit Humor werde ich gewiss nicht darüber hinweg lachen. Ich werde sie ernst nehmen, aber, und das ist der Punkt, eben auch nicht zu ernst. Meist wird auch noch behauptet, Humor sei Unernst, aber das stimmt nicht. Humor nimmt sehr wohl sich selbst, die Welt und eben die Missstände ernst, aber eben nicht zu sehr. In jedem „zu“ liegt die Tendenz, etwas absolut zu setzen, was dem Humor ganz fern ist. Rechthaberei, Dogmatismus, gar Fundamentalismus – das sind Haltungen, die dem Humor diametral entgegengesetzt sind. So kann man sagen, dass Menschen mit Humor Spielräume suchen und offen sind für andere Perspektiven und Deutungen.

Der Sinn für Humor wird hier gespeist aus der Grundeinsicht, dass unser Wissen relativ und beschränkt ist, von den Umständen abhängt und mit unseren Erfahrungen verbunden ist. Mit Humor erfreue ich mich an der Vielfalt bestehender Sichtweisen und bringe sie miteinander ins Gespräch. Freilich braucht es dazu eine Bereitschaft. Damit wird deutlich, Humor ist eine Haltung, die man einnehmen kann. Sie ist nicht einfach angeboren. Sicher gibt es Lebensumstände, die den Humor fördern. Angst, Trauer und Schmerz lassen einen weniger humorvoll sein. Und doch liegt es an mir, wie ich jeweils reagiere. Ich finde, Humor hilft auch die Deutungsmacht über eine selbst erlittene Not aufrecht zu erhalten. Mit Humor bleibe ich Subjekt und bin weniger meiner Lage ausgeliefert. Dazu diese kleine Geschichte einer Diabetikerin, die in einem Café ein Kännchen Kaffee bestellt. Auf die Frage, ob sie Milch und Zucker wolle, antwortet sie: „Nur Milch, Zucker habe ich selbst.“

Humor ist der Versuch, mich selbst zum Lachen zu bringen, wenn ich genauso gut weinen oder vor Wut aus der Haut fahren könnte.

14 A crack in everything

„There is a crack in everything ..."

Krrrk, Kncks, Prrrch, Bch – so oder ähnlich
hört es sich an, wenn etwas zu Bruch geht.
Ist es jetzt kaputt oder lässt es sich noch reparieren?
Wird man die Macke sehen oder fällt es gar nicht auf?
Oder lieber gleich ab in die Tonne?

Wie oft hätte ich mich selbst dann schon
in die Tonne treten können!
Also lieber doch behutsam alle Teile aufsammeln,
zusammenpuzzeln, da noch ein Teilchen entdecken.
An vielen Stellen bleibt eine Lücke, ein Spalt,
eine Bruchkante.

So, wieder zusammengesetzt, ist es nicht mehr das,
was es mal war.
Es ist neu, aus alten Teilen und mit Blessuren.
Aber jetzt gibt es da eine Durchlässigkeit.

„... That's how the light gets in." (Leonard Cohen)

In Japan werden solche Bruchkanten verehrt und veredelt.
Damit man sie erst recht sehen kann, werden sie mit Gold
nachgezeichnet.
Erst jetzt, mit all den Cracks, ist der Gegenstand vollständig.

Bis er ein weiteres Mal herunterfallen wird und neue
Muster erscheinen. Bald wird ein golden geädertes Muster
den Gegenstand zieren. Vielleicht mussten auch neue Teile
eingesetzt werden, damit noch eine Form erkennbar ist.

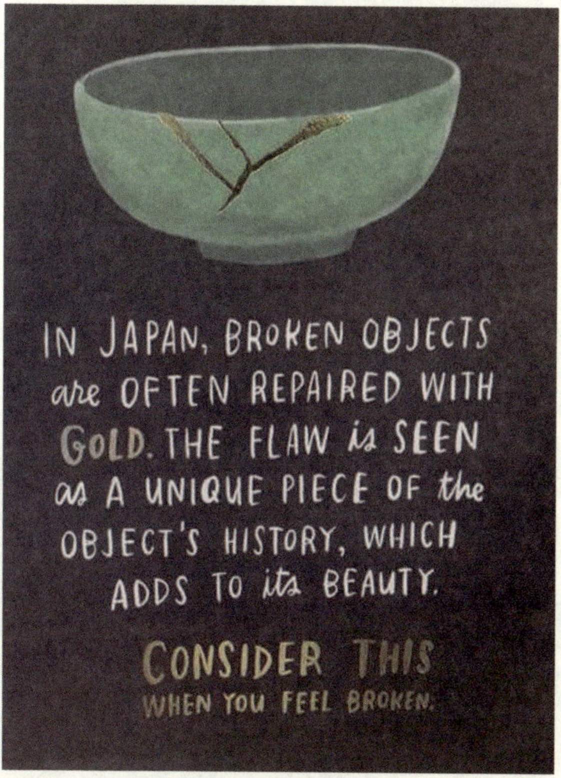

Ich bin mir nicht sicher, ob ich an meinen Bruchstellen offen und durchlässig bleiben will.
Damit das Licht hineinscheinen kann und auch etwas hinausstrahlen.
Oder ob ich mich lieber mit goldener Farbe verzieren will, da wo es weh getan hat.

Vielleicht entscheide ich von Fall zu Fall, wie ich es handhaben will. Je nachdem.
Die goldene Farbe sollte aber unbedingt im Haus sein.
Und ein guter Kleber auch.

strada priva
di segnaletica e
protezioni a valle
15 %
30
11 Km

15 Es ist verboten

Befahren von Waldwegen mit Kraftfahrzeugen
ist verboten.

Es ist verboten, mehr als zwei Kilo Pilze zu sammeln.

Waschbären töten oder fangen ist verboten.

Laut Straßenverkehrsordnung ist es verboten,
beim Eiskratzen am Auto den Motor warmlaufen zu lassen.

Bis zum vollendeten 16. Lebensjahr sind in der Öffentlichkeit der Erwerb und der Konsum von alkoholischen Getränken verboten.

Aufgrund eines Gesetzes darf in Pennsylvania
kein Mann ohne schriftliche Genehmigung seiner Frau
Alkohol kaufen.

Beim Oktoberfest ist es verboten, eine Maß auf „ex" auszutrinken.

In Cleveland ist Frauen das Tragen von Lackschuhen verboten – Männer könnten ihnen durch die Spiegelung auf dem glänzenden Schuhwerk unter den Rock schielen.

In Alabama ist es Männern verboten, einen falschen Schnurrbart zu tragen, wenn dieser Kirchenbesucher zum Lachen verleiten könnte.

Es ist immer verboten, alkoholische und superalkoholische Getränke in die Vatikanischen Museen mitzubringen.

In England ist es gesetzlich verboten, Briefmarken mit dem Antlitz der Königin verkehrt herum auf einen Brief zu kleben.

In Frankreich ist Küssen auf Bahnübergängen verboten. In Russland ist es generell in der Öffentlichkeit verboten.

Es ist verboten, Bäume, die außerhalb des Waldes stehen, Hecken, lebende Zäune, Büsche und andere Gehölze in der Zeit vom 1. März bis zum 30. September abzuschneiden oder gar zu fällen.

Es ist verboten, Informationen aus geheimen Überwachungen und Vorgänge, die rechtstaatlichen Prinzipien widersprechen, zu veröffentlichen.

Vom Reichskanzler Otto von Bismarck stammt dieser Satz: „Wer weiß, wie Gesetze und Würste gemacht werden, kann nachts nicht mehr ruhig schlafen.«

16 Gymnastik in der Kurklinik zu Bad Gendersheim

Willkommen zu unserer Gymnastikstunde in der Kurklinik zu Bad Gendersheim!

Auf dem Programm heute: Gender-Fitness. Wie immer sind Sie frei, sich unabhängig von einem etwaigen biologischen Geschlecht (wir halten es zwar für möglich, dass es das gibt, es wird aber in seiner Bedeutung völlig überschätzt) einem oder mehreren sozialen Geschlechtern zuzuordnen. Machen Sie es von Ihren Erfahrungen und Bedürfnissen abhängig.

Zuerst wecken wir unsere eigenen Kräfte. Dazu klopfen wir sanft auf die Thymusdrüse. Sie ist da am unteren Brustbein und steuert das Wachstum. Da wir nun schon ausgewachsen sind, ist die Wirkung phänomenal. Beim fortgesetzten sanften Trommeln mit allen Fingern wächst man förmlich über sich hinaus. Spüren Sie schon was? Diese Übung ist gut für alle Gebeugten, Unterdrückten, Diskriminierten. Es hebt!

Ungeeignet allerdings ist diese Übung für die Mehrzahl des sozial männlichen Geschlechts. Die brauchen das nicht. Sie haben schon genug davon. Ihnen empfehlen wir die ausgezeichnete Demutsübung, indem Sie die Brust einfallen lassen, einen oberen Rundrücken – um nicht zu sagen Buckel – machen und den Blick nur von unten her nach oben richten. Bitte bleiben Sie in dieser Position für 15 Minuten.

Als Nächstes darf ich Sie bitten, sich sehr breit zu machen. Nehmen Sie sich dazu einen Stuhl. Nehmen Sie so viel Platz ein, wie es nur geht. Diese Übung empfehle ich der überwiegenden Mehrzahl der sogenannten Frauen und einem durchaus großen Kreis weiterer Identitäten. Und jetzt stellen Sie sich vor, Sie sitzen im Regionalzug und ein typischer Mann nimmt neben Ihnen Platz. Auf keinen Fall sollten Sie sich kleiner machen, nehmen Sie all Ihr Selbstbewusstsein zusammen und bleiben Sie so. Nein, am besten, Sie breiten sich noch etwas aus. Halten Sie das die ersten fünf Minuten durch, ist das Terrain gesichert.

Mit den sogenannten Männern machen wir stattdessen eine Übung zur Koordinierung der beiden Hirnhälften. Ja, die Verbindung ist bei Ihnen mitunter stark eingeschränkt. Um zu vermeiden, dass Sie sich nur halbseitig entwickeln – das äußert sich zum Beispiel darin, dass Sie im Haushalt nicht mitarbeiten, keinen Plan von den Lebensmittelvorräten haben, nicht unterwegs noch schnell etwas einkaufen, Ihre Sachen daheim nicht wegräumen und staubsaugen. Die Übung heißt: Tisch wischen, Scheibe putzen. Machen Sie mit der rechten Hand einen waagrechten Kreis vor Ihrem Körper, während Sie gleichzeitig mit der linken Hand einen vertikalen Kreis vor dem Gesicht machen. Und nun wechseln Sie die linke und die rechte Seite. Nun ja, ich kann allerlei neue Tätigkeiten erkennen.

Nun eine Übung für alle diejenigen, die nicht ihre wahre Größe erreichen können. Dazu erheben Sie sich bitte, strecken und recken Sie sich. Geht es noch ein bisschen höher? Falls Sie jetzt einen Widerstand bemerken, könnte es die gläserne Decke sein. Für die meisten frauenidentifizierten Menschen ist sie undurchdringlich, aber auch für andere, die sich nicht eindeutig einem Geschlecht, der Lebensform heterosexueller Ehe und einer käsigen Hautfarbe zuordnen können. Nun, immerhin ist Ihnen jetzt klar, wo sich die unsichtbare Barriere befindet.

Alle, die sich nach der Selbsteinschätzung oberhalb dieser gläsernen Decke einordnen, bitte ich, ebenfalls aufzustehen. Wir werden jetzt erst einmal das viele Sitzfleisch in Bewegung bringen. Hände zusammenlegen vor dem Körper, hüftbreiter Stand, locker in den Knien, und nun wird kräftig mit dem Popo geschüttelt, bis die Backen wackeln. Mindestens fünf Minuten lang.

In dieser Zeit arbeite ich mit der anderen Gruppe an einem wesentlichen Entscheidungsschlag. Sicher kennen Sie die Situation, dass Sie ständig noch irgendwas vorgelegt bekommen, das Sie „eben mal" erledigen sollen. Und zack, schon sitzt der Affe auf Ihrer Schulter. Nur mal schnell über den Flur gehuscht und schon wieder einen eingefangen. Diese Übung nun heißt: Den Affen wegschieben!, und sie geht so: Ballen Sie beide Fäuste, ziehen Sie die Oberarme eng an den Körper und halten Sie die Unterarme waagrecht. Stellen Sie sich aufrecht hin, hüftbreit. Und jetzt öffnen Sie die rechte Hand und drücken Sie den Affen weg von sich, Hand entspannt wieder zurücknehmen und die Seite wechseln. Wer gerne anderen den Affen aufsetzt, macht in dieser Zeit Situps nach dem Motto: „Wer sich selbst erhöht, wird erniedrigt werden!"

Mir ist völlig bewusst, es ist manchmal zum Haare raufen, aber das ist eigentlich auch ganz gut für die Akupunkturpunkte oben auf dem Kopf. Es sei denn, Sie haben eine wertvolle Frisur oder einen Hut auf. Wer keine Haare mehr hat, klatscht die Hände fest auf den Schädel und schiebt die Kopfhaut hin und her.

Für die letzte Übung bitte ich Sie, Paare zu bilden, und zwar völlig durcheinander. Stellen Sie sich gegenüber und halten

Sie sich an beiden Händen, Ihre Füße direkt voreinander, und lehnen Sie sich weit nach hinten. Na, hält das Gegenüber? Können Sie sich auf ihn oder sie oder ix verlassen? Wenn ja, gehen Sie beide in die Knie und verlagern Sie das Gewicht so, dass mal Sie, mal Ihr Gegenüber oben ist – wie bei einer Wippe. Und das machen Sie jetzt so lange, bis Sie sich am Ende auf Augenhöhe eingependelt haben.

Das kann dauern. Ich gehe so lange schon mal Kaffee trinken.

Noch einen schönen Tag!

17 Papierdialoge

Ein Loch ins Papier reißen

Auf dem Rücken, ohne hinzusehen, ein Loch in ein Papier reißen.
Da hindurch blicken, alles und alle so im Raum ansehen.

Mit einem zweiten, farbigen Papier das Loch „stopfen“;
etwas wächst daraus hervor, drängt heraus …

Papierflieger basteln

Bastle einen Papierflieger.
Spreche einen Wunsch hinein.
Lasse den Papierflieger fliegen.
Schaue ihm nach.
Stell dir vor, der Wunsch wird wahr.

Papier zerknüllen

Nimm ein leeres Blatt Papier und zerknülle es.
Darauf stehen deine unausgesprochenen Worte.
Darauf steht dein empörtes Schweigen.
Darauf steht dein unsägliches Stammeln.
Darauf steht, was du dich nie zu sagen getraut hast,
weil es entweder zu unverschämt oder zu lustig wäre.
Gehe zu einem erhöhten Ort und wirf das zerknüllte Papier hinunter.
Gott vor die Füße.

Papierschiffchen basteln

Gehe an einen Fluss bei dir in der Nähe.
Bastle ein einfaches Papierschiff.
Schreibe eine Botschaft hinein.
Setze es aufs Wasser.
Stell dir vor, jemand liest die Botschaft.

Papier ist geduldig

Nimm ein Stück Papier und schreibe es voll.
Schreibe alle Wörter auf, die dir einfallen, ohne Regel.
Fange irgendwo an und fülle das Papier bis auf die letzte Lücke.
Mache das am besten mit anderen.
Lest euch eure Texte vor.
Habt Vergnügen daran.

18 Ich mag ... 

... die ersten Erdbeeren im neuen Jahr.

... im Meer baden bei Regen.

... durch eine Markthalle im Ausland schlendern und nichts kaufen.

... es, wenn ich einen Kalender in der Wohnung einer Freundin oder eines Freundes an der Wand sehe, der falsch aufgeschlagen ist.

... laut in einer Kirche singen, sobald ich sie betreten habe, aber ich traue mich meistens nicht.

... es, in einer Kirche zu sitzen und die Putz- und Aufräumgeräusche aus der Sakristei zu hören.

... es sehr, wenn der Busfahrer noch einmal die Türen für mich aufmacht, obwohl er schon losgefahren war.

... das laute Hupen einer Hochzeitsgesellschaft.

... reife Pfirsiche, in die ich reinbeiße, ohne mich zu bekleckern, indem ich mich vorbeuge, den Kopf vorgestreckt, den Po ganz nach hinten geschoben, mit zuzelnden, schmatzenden Geräuschen.

... die Mandel auf der silbrigen Kelle, die mir der Mann auf dem Jahrmarkt an seinem Stand entgegenhält.

... die schrägen Blockflötenklänge aus der Nachbarwohnung. Das Mädchen ist in der ersten Klasse, und ich frage mich, ob sie wohl mal Musikerin werden wird oder besser doch nicht.

... es, beim Einkaufen in anderer Leute Einkaufswagen zu schauen und mir vorzustellen, wie sie wohl leben.

19 Hinaus ins Freie

Schön, in diesem Park! Ein Park, mitten in der Stadt, mit hohen Bäumen. Alles ist dicht bewachsen, es duftet nach Holz, Tannennadeln, Laub, Moos. Und das an einer viel befahrenen Straße. Den Park trennt von der Straße ein Holzzaun. Dicke Stämme, nebeneinander, oben gleichmäßig abgeflacht, hinten dezent verbunden. Reste von Tackernadeln zeigen, wie ideal das Holz ist, um Plakate, kleine Hinweiszettel, Angebote, Wohnungssuche-Blätter mit Abreißmöglichkeit daran zu befestigen.
Nur eine kleine Rose hielt es offensichtlich nicht mehr aus in dem Idyll des Parks und suchte den Weg nach draußen, hinaus auf die viel befahrene Straße. Hinaus in den Gestank der Abgase. Hin zu der gefährlichen Nähe der Tackernadeln und derjenigen, die sie benutzen. Hin zu den Menschen, die hektisch hier vorbeieilen, höchstens an der Ampel kurz stehen bleiben, um dann auf die andere Straßenseite zu hechten. Wie aus Versehen könnten sie diese Rose mitreißen.

Ausgesetzt, schutzlos, zart – und leuchtend rot. So rot und schön! Strahlend vor dem Hintergrund des braun-grauen Holzes. Warum sieht die denn niemand? Warum bleiben nicht alle stehen und begrüßen sie? Sprechen sie an, sagen zu ihr: „Guten Tag, werte Rose. Wie gefällt Ihnen das Wetter heute? Darf ich Ihnen ein Kompliment machen für Ihre wunderschöne Farbe, die sofort mein Auge erfreute, als ich sie sah! Das Rot und das Grün, es sind die Eindrücke an diesem trüben Tag, die mir sofort ins Herz gehen. Haben Sie vielen Dank!“

Und so innehaltend, da an dieser hässlichen Kreuzung, vielleicht auch den Verkehr der eilenden Menschen aufhaltend,

könnte man weiter ins Gespräch mit dieser besonderen Verkehrsteilnehmerin kommen. „Entschuldigen Sie, wenn ich Sie etwas frage. Was hat Sie denn bewogen, sich hier hinauszubegeben? Ich meine, die Frage sollte schon gestattet sein. Es ist doch sehr gefährlich hier, finden Sie nicht?“ Und die Rose würde weiterhin leuchten und strahlen, als lächle sie mir zu. Ein Windhauch, oder auch nur der Fahrtwind eines vorbeifahrenden Autos, ließe sie leicht schwanken, ihre Blätter rascheln. Nickt sie mir zu? Da, hinter dem massiven Holzzaun, wäre ich gar nicht mit ihr ins Gespräch gekommen. Ich hätte schon den Kopf heben oder mich auf Zehenspitzen stellen müssen, um sie zu sehen. Denn sie rankt eigentlich ganz schön hoch hinter der Holzwand, in dieser grünen Parkwelt. Doch jetzt so nah vor meiner Nase.

Was? Nur Mut? Übermut? Ich könne das ruhig auch wagen. Mal den Kopf hinausstrecken. Mein Idyll verlassen. So idyl-

lisch sei es gar nicht, antworte ich halbherzig. Bequem ist es trotzdem.
Ich nehme mir also den Mut, zunächst um sie weiter zu befragen. „Kann es sein, dass Sie nicht nur mutig sind, sondern auch neugierig? Ich meine, hier draußen sehen Sie ja wesentlich mehr, mich zum Beispiel in diesem Augenblick. Aber Sie sehen ja den ganzen Tag lang, und auch nachts, seit einiger Zeit, wie ich Ihrer Blüte nach vermute, hier heraus. Was ist denn so Ihr Eindruck? Gefällt Ihnen, was Sie sehen?" In dem Moment rempelt mich ein Fußgänger unsanft an, fast gerate ich ins Stolpern. Bin ihm wohl ein Hindernis. „Können Sie denn nicht aufpassen, wo Sie hingehen!", will ich schon empört rufen. Nein, sicher gefällt ihr nicht, was sie so tagein und tagaus zu sehen bekommt, aber sie guckt wenigstens hin, und zwar sehr genau.

„Tschüss!", sage ich noch beim Weitergehen und spüre sie in meinem Rücken.

20 Gleichzeitig

Wenn ich mal wieder unterwegs bin und der Zug am späten Nachmittag langsam in den Bahnhof einfährt, schaue ich in die erleuchteten Zimmer mir völlig fremder Menschen. Wie eine Voyeurin sehe ich, wie ein Mann an einem Tisch steht und Brot schneidet. Ich sehe, wie eine Frau gestikulierend im Zimmer hin- und hergeht. Ich sehe nicht, mit wem sie redet. Ich sehe, wie sich eine andere zu einem Kind hinabbeugt. Ich sehe einen Mann auf einem Sofa, telefonierend. Ich sehe einen Mann mit der Zigarette auf dem Balkon.

Später, im Bahnhofsgebäude mit all seinen Geschäften – die Schalterhalle dagegen muss man suchen –, sehe ich Menschen, die wie ich gerade ankommen oder wegfahren. Mit elegantem Rollkoffer in großer oder kleiner Ausfertigung, mit Aktentasche, Schultertasche, Laptop-Rucksack. Ich muss sowieso auf meinen Anschluss warten, also kann ich in aller Ruhe um mich blicken.

Er da kommt sicherlich von einer Konferenz, dunkler Anzug, nochmal das Telefon am Ohr, bevor er vielleicht später im Zug über seinen Papieren einschläft. Sie da hat vielleicht ein Meeting hinter sich. Noch steht ihr die Spannung ins Gesicht geschrieben. Diese Frau dort fährt vielleicht zu den Kindern, die Enkel hüten. Er dort spricht alle an, bestimmt fragt er nach Geld. Hoffentlich kommt er nicht auch auf mich zu; mein Geldbeutel ist ganz unten in der Tasche, gut verwahrt, den möchte ich nicht rausziehen.

Später, in der anderen Stadt, sehe ich eine Frau, noch jung, kurze Hose, Oversized-T-Shirt, die in dieser kleinen Gasse hinter der Kirche Blätter und Papierchen zur Seite kehrt. Vor dem Café wartet ein müder Kellner auf Kundschaft. Immer wieder reibt er sich die Augen. Ein Mann in Arbeitskleidung trägt ein Rohr über die Straße. Aus dem schwarzen Auto da drüben steigen ein Mann und eine Frau mit Akten im Arm, wild gestikulierend, und verschwinden hinter einer Drehtür. Ein Auto fährt vor, eine ältere Dame steigt mühsam aus und geht etwas steif in den Laden mit dem Schild „Haar-Philosophie". Der Fahrer blickt ihr noch nach und fährt dann langsam wieder an. Zwei Kinder mit Rollern rasen laut rufend und lachend über den Platz. Ein kleiner Hund rennt kläffend hinterher. Der Mann auf dem hintersten Platz des Straßenlokals sitzt dort zusammengesunken. Auf dem Tischchen vor ihm steht nichts.

Wenn ich wieder weg bin, sind sie immer noch da. Sie tun immer noch dasselbe oder inzwischen andere Dinge. So viele Menschen auf dieser Erde, und alle tun etwas in diesem einen Augenblick an ihren so verschiedenen Orten!

Wie kommt es, dass ich nicht plötzlich dieser oder jener Mensch bin?

21 We are all immigrants

Meine Eltern am Ende des Zweiten Weltkrieges aus Siebenbürgen.
Mein Großvater am Ende des 19. Jahrhunderts als Einwanderer in die USA, aus denen er aber zurückgekehrt ist.
Die Nachbarin aus Syrien mit ihrer Familie.
Der Klavierlehrer aus Wien.
Die andere Nachbarin aus Norddeutschland.
Ich selbst aus Süddeutschland.
Die Familie, die in den 1980er-Jahren aus Kasachstan gekommen ist.
Der große Hund, der aus der Schweiz eingeführt wurde.
Der Automechaniker meines Vertrauens aus der Türkei.
Die Änderungsschneiderin aus Russland.

Alle US-amerikanischen Bürgerinnen und Bürger außer den Native Americans, Indianer genannt.

22 Körperkardiologie

Herz und Zunge

Herz: Pass auf,
dass du dich nicht wieder verplapperst!
Zunge: Du schlägst so laut und fröhlich,
das steckt an.
Bist du verliebt?
Herz: Ja, und wie,
aber sag bloß nichts!
Zunge: Wie schön,
ich habe es gewusst!
Wer ist es denn?
Herz: Sag ich nicht.
Zunge: Ach bitte,
ich könnte ihr ein Gedicht aufsagen.
Herz: Woher willst du wissen,
dass es eine Frau ist?
Zunge: Das hat mir das Auge verraten.
Herz: Oh, da kommt sie,
ich fühle es genau.
Zunge: Hallo, was für ein schöner Tag heute,
nicht wahr?
Herz: Bist du verrückt,
ich flippe aus!
Zunge: Haben Sie schon mal mitten im Park getanzt?
Herz: Ihr Herz schlägt ja genauso schnell wie meines.
Zunge: Bevor es Ihnen jemand anderes erzählt:
Ich liebe Sie!

Hand und Fuß

Hand: Kommst du endlich,
  wir sind schon spät dran!
Fuß: Mach doch nicht immer so eine Hektik
  und hör endlich auf, so herumzufuchteln.
Hand: Ich versuche, dich anzutreiben.
Fuß: Mir ist so heiß,
  und da drückt irgendwas.
Hand: Lass mal sehen.
  Und jetzt halt gefälligst still,
  sonst kriege ich diese Schnürsenkel nie auf.
Fuß: Oh, wie gut.
  Wie wäre es jetzt noch mit einer Massage?
Hand: So kommen wir nie los!
Fuß: Bleiben wir halt da.
Hand: Och nö, ich hab mich so aufs Tanzen mit ... gefreut!
Fuß: Mach doch einen Handtanz!

Bauch – Beine – Po

Beine: Wie bist du schön gewölbt,
das gefällt mir sehr gut.
Po: Das gleiche könnte ich zum Bauch sagen:
Wie du dich schön nach vorne wölbst,
das gefällt mir sehr gut.
Bauch: Spart euch eure Ironie.
Oder seid ihr eifersüchtig, Beine?
Beine: Ich habe es ganz ernst gemeint.
Ich bin lang, mit mehreren Gelenken verbunden,
habe zwar auch meine Wölbungen,
aber vor allem viel zu tragen.
Po: Stimmt! Wir dagegen können uns gelassen
zu wunderbarer Musik wiegen,
hin- und herschaukeln ...
Bauch: ... und gluckern, knurren,
von deinen weiteren Geräuschen ganz zu schweigen.
Po: Du bist heute aber ruppig und so völlig humorlos.
Was ist los?
Bauch: Zu viel gegessen.
Po: Aber Essen macht doch glücklich!
Bauch: Und zu viel Essen unglücklich!
Beine: Jetzt hört auf, ihr beiden.
Was haltet ihr von einem Spaziergang?
Ich nehme euch gratis mit.
Unterwegs kommen wir an diesem Ausflugslokal vorbei,
da könnt ihr dann schön mit euren Rundungen glänzen.
Po und Bauch gemeinsam: Au ja!

23 Hat Gott Humor?

Gott muss Humor haben, er hat schließlich die Meerschweinchen erschaffen. So antworten nicht nur Kabarettisten auf die Frage nach Gottes Humor. Auch normalen Kirchengemeindegliedern fällt als erstes die Tierwelt ein, mit ihr die Pinguine, die Erdmännchen, die Seepferdchen, die Stabheuschrecken, und am Ende, als Nachfahren der Affen, fallen einem auch manchmal die Menschen ein.

Gott hat komische Gestalten geschaffen.
Eine davon ist der Mensch.
Der Mensch macht komische, besser gesagt, tragische Dinge.
Anders als mit Humor kann Gott den Menschen gar nicht ertragen.

Man könnte allerdings kritisch einwenden: Selber schuld! Ist nicht alles Gottes Schöpfung? Alles Gottes Schöpfung? Also:

Gott hat die Welt und alles, was darinnen ist, erschaffen.
Zunächst war alles sehr gut (1 Mose/Genesis 1,9.12.18.21.25.31), also jeweils am Abend nach der entsprechenden Erschaffung.
Doch schon gleich ging alles schief: Adam und Eva müssen das Paradies verlassen, Kain erschlägt Abel, und schon reut es Gott. Er lässt Noach eine Arche bauen, und der ganze Rest ersäuft in der Sintflut. Nicht schön!
Zweiter Anlauf also, doch: Nie mehr soll eine Sintflut sein, der Regenbogen ist das Zeichen dafür (1 Mose/Genesis 9,16).
Etwas später braucht es zwei schwere Steintafeln mit zehn Geboten zur Erinnerung an das, was vorher schon zu Noach gesagt worden war: Kein Blutvergießen! Vermehrt euch und

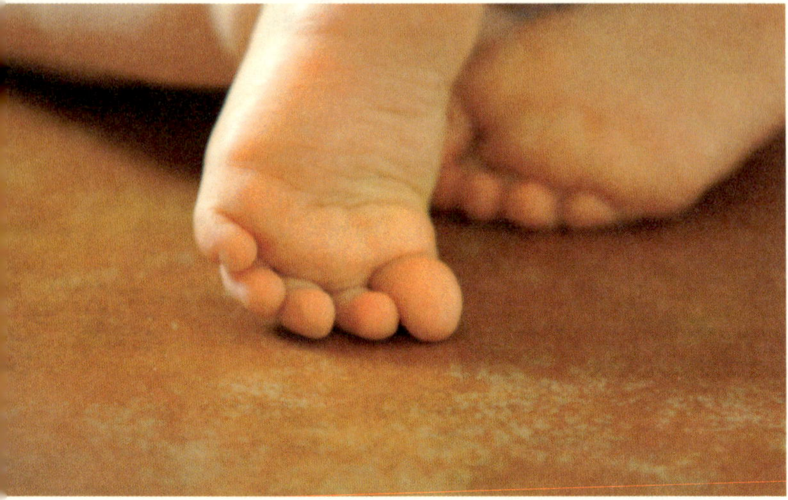

Ging schief und geht immer noch schief.
Also braucht Gott Nachsicht mit sich selbst.
Die hat er, denn wir sind trotzdem noch da.
Also hat Gott Humor.

Humor mit den Menschen, Humor mit sich selbst – das ergibt ein sehr menschliches Gottesbild, wenn auch immer noch eines so von oben herab, nach dem Motto: Der strenge Patriarch macht auch mal Fehler. Doch die Spur stimmt, denn Gott ist biblisch durchaus überraschend vielfältig, ausgedrückt in unterschiedlichen Bildern. Gott ist auch Quelle und Trost, Licht und Feuer, Hirte und eine Frau, die ein Kind zur Welt bringt ...
Zu dieser Vielfalt kommt dann wirklich die Menschlichkeit. Es ist wie beim Humor: Da hat sich Gott in seiner/ihrer allmächtigen Göttlichkeit nicht zu ernst genommen und wurde Mensch. So ist es nach christlicher Auffassung. Mensch eben, angefangen beim Baby mit Windeln und allem, was dazu gehört.

Gott ist nichts Menschliches fremd.
Gott weint und lacht, hungert und feiert.
Gott macht erstaunliche Dinge wie Heilen,
die Leute wundern sich über ihn.
Gott trickst Obrigkeiten aus.
Gott lebt und arbeitet mit gesellschaftlich völlig
unbedeutenden Menschen in einfachen Berufen.
Gott hat witzige Sprüche drauf, z.B. solche über Kamele.
Gott behauptet: Die Ersten werden die Letzten sein.
Gott hält die für selig, die Hunger und Durst nach Frieden
und Gerechtigkeit haben.
Gott hält die Liebe für das Allergrößte.
Gott ist blauäugig optimistisch.
Wenn das nicht humorvoll ist.

Ach so, es heißt ja, Jesus habe nicht gelacht, zumindest steht davon nichts im Neuen Testament. Aber das hat er schon: gefeiert, geweint, getröstet, geschimpft, gefragt, geredet, geliebt. Also, wenn es da kein herzhaftes, freundliches, zartes, erfrischendes Lachen gegeben haben soll, dann zweifle ich an meiner Menschlichkeit.

24 Regenlücken

Wenn es regnet, regnet es nicht lückenlos.
Da reiht sich Tropfen an Tropfen, auch mal sehr dicht, aber es regnet nie flächig.
Wenn hinterher der ganze Boden nass ist, dann nicht, weil ein großer Eimer ausgekippt worden wäre, sondern weil so viele Regentropfen sich immer wieder anders verteilt und allmählich die ganze Fläche bedeckt haben.
Zugegeben, bei Starkregen sind die Tropfen schon sehr dicht, und mitunter hat man das Gefühl, es regne wie aus Kübeln.

Mir gefällt der Gedanke, dass Regen ein lückenhafter Vorgang ist.
Wo Lücke, da Platz. Platz für etwas dazwischen.
Was eine Lücke alles ändern kann! Frisch gefüllt, macht sie aus allem, was vorher war, etwas ganz anderes.
Erfrischend, eben wie der Regen.

```
REGEN   REGEN   REGEN   REGEN   REGEN
 EGEN   R GEN   RE EN   REG N   REGE
SEGEN   ROGEN   REDEN   REGioN  REGEL
DEGEN   RÜGEN   REBEN
FEGEN   RAGEN
HEGEN
```

Einmal die Lücken entdeckt, findet man sie überall.
Manchmal entsteht der Eindruck, die Varianten hätten alle etwas miteinander zu tun, auf geheimnisvolle Weise.

SOCKEN
SOCKEL
HOCKEN

BETEN
BESEN
BOTEN
BETON
BETER
FETEN

SIEGEL
SIEGER
ZIEGEL
RIEGEL

TANNE
TANTE
TENNE
PANNE
HANNE

25 profanheilig 16:19

Beim Wandern in den italienischen Bergen habe ich neben einer Wallfahrtskirche einen kleinen viereckigen Bau mit einer Nische gefunden, eine Station des Kreuzwegs. Was in der Nische zu sehen war, ob das kleine Gebäude wirklich zu einem Kreuzweg gehörte oder eine Art Tempelchen war, ich kann mich nicht mehr erinnern.
Denn mein Blick haftete nur auf diesem Schild. Ganz wörtlich könnte man so übersetzen:

Nicht profanieren mit Kritzeleien.
Zu glauben ist nicht verpflichtend,
aber wohl erzogen zu sein, schon.

Anders gesagt:
Entweihen Sie dieses Heiligtum nicht mit Schmierereien.
Sie müssen ja nicht glauben,
aber benehmen Sie sich gefälligst.

Auf Deutsch klingt es gleich wesentlich härter und nach mindestens fünf Ausrufungszeichen.
Also keine Herzchen mit Pfeil und darunter Paola e Giovanni.
Auch kein Gebet darauf verewigen wie an den Wänden, an denen man Fürbitten-Zettel anbringen darf.
Selbstverständlich auch keine Lästereien über die Kirche.
Und schon gar keine Flüche oder anderes unanständiges Zeug.
Dabei blättert der Putz schon ab, mehrere Schichten Farbe sind zu erkennen. Nur das Schild, das sieht noch richtig gut aus, sauber und sogar schön gestaltet. Erst dieses Schild bringt mich darauf, dass ich mich an einem heiligen Ort befinden könnte – mit meinen Wanderstiefeln und dem Ruck-

sack, verschwitzt am Ende der Tour. Es ist freilich ein sehr schöner Ort. Die Kirche und diese gemauerte Kreuzwegstation mit einem großen Kreuz ein paar Meter entfernt liegen auf einem Bergvorsprung, gestatten einen fantastischen Blick ins tief eingeschnittene Tal und sind selbst aus der Ferne zu erkennen. Es ist also ein abgeschiedener Ort, der ursprünglich aus rein religiösen Motiven aufgesucht wurde: zur Wallfahrt, an bestimmten Feiertagen, zu besonderen Gottesdiensten. Und heute hat der Ort eine neue Bedeutung gefunden als Ausgangs- und Endpunkt einer Tageswanderung.

Mache ich diesen Ort schon zu einem profanen, einfach weil ich hier rumstehe, schaue, mich etwas ausruhe, einen Schluck aus der Wasserflasche nehme? Ich habe nichts hingeschrieben, ich schwöre. Ich habe mich noch nicht einmal angelehnt, also keine Berührung! Oder vielleicht bin ich jetzt auch ein wenig heilig, weil ich mich genau da befinde, wo ich bin, auf dem Gelände einer Wallfahrtskirche? Vielleicht gehe ich hier

mit diesem Ort eine besondere Mischung von heilig und profan ein, ohne irgendeine besondere Handlung, nur durch mein Dasein.

Was kann der Kirche Besseres passieren, als dass sie profaniert wird? Indem Leute wie ich vorbeikommen, sie wahrnehmen, ihren vergangenen und immer noch gegenwärtigen Zauber spüren. Ohne sich dadurch ganz und gar in ihren Bann ziehen zu lassen, ohne den alten Riten zu folgen, die traditionellen Handlungen zu vollziehen. Wir gebrauchen diesen Ort heute eben auf unsere Weise. Als Rastplatz, als Sehnsuchtsort, mit dem einen oder anderen stillen Gebet, einem Seufzer, einem Blick in die Weite. Wir retten dich, heiliges Gelände, fast schon mehr Ruine als Kultort, mit unseren „Profanierungen", und wir haben nichts auf die Wände geschrieben, wirklich nicht!

26 Ich bin doch nicht blöd

Nöööö! Nicht blöd!
Dafür weiß ich zu viel.

Ich weiß, wie man Fenster putzt, ohne dass Streifen bleiben.
Ich weiß, wie man aus kümmerlichen Resten im Kühlschrank ein köstliches Mahl zubereitet.
Ich weiß, wie man eine Bohrmaschine hält und anschließend die Dübel versenkt.
Ich weiß, wo es im Herbst gute Äpfel gibt.
Ich weiß, wo im Wald die schönsten Pilze wachsen, wenn es geregnet hat.
Ich weiß, wer mir um Mitternacht noch Pizza backt.
Ich weiß, welche Salbe gut ist bei einer stumpfen Verletzung.
Ich weiß, wie ich selbst ein Hausmittel gegen Katarrh herstellen kann.
Ich weiß, wie ich am schnellsten zum Bahnhof komme.
Ich weiß, wie ich meinen Chef behandeln muss, damit er das macht, was ich will.
Ich weiß, dass mein Kollege mehr verdient als ich! Aber ich weiß auch, dass ich mir das nicht mehr lange gefallen lasse.
Ich weiß, dass ich mir meine Wohnung nicht leisten könnte, wenn ich nicht schon seit 19 Jahren darin wohnen würde.
Ich weiß, dass ich ein gläserner Mensch bin, ob ich jetzt Kleider anhabe oder nicht.
Ich weiß, wenn ich den Fernseher ausschalte,
dann ist da trotzdem noch Krieg,
aber ich kann manchmal einfach nicht mehr hinschauen.

Ich weiß, dass nicht alles umsonst gewesen sein wird.
Sag ich doch, ich bin doch nicht blöd.

27 LACHSTEINE 09:29

Da grinst sich einer was. Geduckt im Gras, als wollte er sich verstecken: mein heutiger Lachstein.

Es lachen die Hühner, die Kinder sowieso, aber es lachen auch die Steine. Wenn sie das tun, klingt es sehr tief und klar. Über Jahrtausende hat sich das Lachen in ihren Gesichtern festgesetzt. Es fing klein an, mit einem Grinsen, einem offenen und einem geschlossenen Auge. Dann wurde es breiter und breiter. Dieser hier hat sich sozusagen weggeschmissen vor Lachen. Er konnte sich nicht mehr halten und hat sich einfach auf die Wiese fallen lassen. Der dicke, schwere Stein! Er hat sich willig hingegeben an die Lust zu lachen, die größer war als er selbst.

Manchmal ist etwas zum Steinerweichen. Manchmal ist etwas zum Steinerlachen. Wenn das sogar klappt, müssten eigentlich auch die schweren Fälle, die dicksten Dickköpfe, die härtesten Kerle zum Lachen zu bewegen sein. Und zwar nicht zu einem spöttischen Lachen, das andere klein macht. Nicht zu einem Lachen des Schwergewichts über ein Leichtgewicht, nicht zu einem Lachen des Reiferen über den Jungspund. Wenn dieser sogar in seinem hohen Alter, mit seiner reichen Erfahrung, seinem unermesslichen Durchhaltevermögen lachend auf dem Boden liegt, dann könnte das ein Vorbild sein für durchaus vergleichbare Kaliber. Und die gibt es ja zahlreich.

Beim genaueren Hinsehen denke ich erschrocken: Und wenn der mich jetzt anlacht, weil ich auch so schwerfällig, gar schwermütig und schwer von Kapee bin? Dann würde er mich aber nicht auslachen, nein, so sieht er nicht aus. Anla-

chen würde er mich, das würde er. Mich damit zu einem eigenen Lachen verlocken. Erst mal würde es wahrscheinlich auch nur zu einem Schmunzeln reichen, dann würde daraus auch bei mir ein breites Grinsen. Die Augen fingen an zu leuchten, und womöglich würde auch ich mich hinwerfen vor Lachen – und im Gras landen, gleich neben ihm.

Du hast gut lachen! Ich auch! Haha!

28 Mit meiner Handtasche …

Alles da! In meiner Handtasche!
Immer dabei, immer alles drin.
Mit meiner Handtasche könnte ich spontan das Land verlassen.

- Geldbeutel mit Ausweis und Kreditkarte
- Handy und Ladekabel
- Bonbondose
- Ersatzbrille und Brillenputztuch
- Mini-Taschenmesser
- Blöckchen und Stift
- Lippenstift und Spiegel
- Ein bisschen Rouge und so eine Tönungscreme, weil ich oft so blass aussehe
- Handcreme
- Taschentücher
- Kühlspray fürs Gesicht, ach, die Wechseljahre!
- 2, 3 Slipeinlagen, früher auch 2, 3 Tampons, aber die brauche ich jetzt nicht mehr
- Müsliriegel
- Kleine Wasserflasche
- Notfallspray
- Kopfwehtablette
- Pflaster
- Tuch, falls es zieht, oder man kann ja nie wissen
- Kleines Buch, falls ich mal wieder irgendwo stehe und warten muss
- Hausschlüssel
- Taschenlampe, um in die doch etwas unübersichtliche Tasche zu leuchten oder auch zum Schlüsselloch, falls die Straßenlampe mal ausfällt
- Ein kleines Stofftier, das ich nie herausgetan habe

... könnte ich spontan das Land verlassen

Ich wäre ziemlich lange unabhängig und gut versorgt. Unterschätze bloß niemand die Handtasche einer Frau. Versorgungsbeutel, früher für die ganze Familie, später für eine selbst. Die Evolution hat aus dem Beutel des Kängurus eine Handtasche gemacht.

Sag ich doch, ich könnte heute noch das Land verlassen oder zumindest übers Wochenende verreisen!

Andererseits, ganz schönes Gewicht.
Leichter wäre mir oft lieber.
Vielleicht sollte ich den Lippenstift wieder rausnehmen.
Obwohl, er steht mir ganz gut.
Rouge und Tönungscreme benutze ich eh selten. Ersatzbrille, ach was! Bonbons, Quatsch, sind eh schon verklebt. Das Buch bleibt. Die Taschentücher auch, und das Notfallspray.
Die Männer haben immer alles im Jackett oder in den ausgebeulten Hosentaschen, vorne und hinten. Nicht, dass das gut aussehen würde.
Die Frage ist doch: Was brauche ich wirklich? Geld und Kreditkarte auf jeden Fall, Ausweis auch und die Hausschlüssel. Und das, was dahintersteht: meine Arbeit, meine Wohnung, meine finanzielle Unabhängigkeit. Also würden mir auch die Hosentaschen ausreichen? Nicht, dass das gut aussehen würde.
Aber nicht deshalb! Müsste ich mich zwischen Hand- oder Hosentasche entscheiden, würde ich doch die Handtasche vorziehen.

29 flüchtig 

flüchtig etwas aufs Papier setzen
flüchtig etwas durchlesen
flüchtig sich durch die Haare streichen
flüchtig das Geschenk einwickeln
flüchtig einen Blick auf die Leinwand werfen
flüchtig durch den Türspalt blicken
flüchtig eine Zigarette austreten
flüchtig die Krawatte lockern
flüchtig auf die Uhr schauen
flüchtig einen Zettel an die Pinnwand heften
flüchtig Lippenstift auftragen
flüchtig die Schuhe abstreifen
flüchtig eine Jacke überwerfen
flüchtig zurückblicken

Wie weit „flüchtig" doch von „auf der Flucht" entfernt ist!

30 Lass es einfach!

Ich baue mir ein Luftschloss mit großen Räumen, einem
Garten, einem Erkerzimmer und einer Küche im Freien –
oder ich lass es einfach.
Ich male mir meine Zukunft aus mit Mann und Hund –
oder ich lass es einfach.
Ich plane meinen Ruhestand altersgerecht,
mit Hobbys und ehrenamtlichen Aktivitäten –
oder ich lass es einfach.
Ich strebe meine Versetzung an einen anderen Arbeitsplatz
mit besseren Aufstiegsmöglichkeiten an –
oder ich lass es einfach.
Ich bereite meinen nächsten Urlaub mit Reiseführern,
einem neuen Rollkoffer und einem Notfallset vor –
oder ich lass es einfach.
Ich lerne noch ein neues Instrument –
oder ich lass es einfach.
Ich kaufe mir dieses Auto mit dem absoluten Überblick
über die Straße –
oder ich lass es einfach.
Ich kaufe rechtzeitig frühblühende Pflanzen und
setze sie in die Balkonkästen –
oder ich lass es einfach.
Ich mache eine Fortbildung in Betriebswirtschaft,
bevor ich mich selbständig mache, –
oder ich lass es einfach.
Ich leiste mir dieses eine, besonders raffinierte Kleid –
oder ich lass es einfach.
Ich lasse mir die Schlupflider operieren –
oder ich lass es einfach.
Ich genehmige mir einen Cocktail nach Arbeitsschluss –
oder ich lass es einfach.

Ich mache einen Städtetrip nach Hamburg und gehe
ins Musical –
oder ich lass es einfach.
Ich besuche einen Kurs für effektiveres Zeitmanagement –
oder ich lass es einfach.
Ich lese einen Ratgeber für mehr Glücksgefühle
in meinem Leben –
oder ich lass es einfach.
Ich melde mich zum Anti-Stress-Seminar an –
oder ich lass es einfach.
Ich verzichte abends auf kohlehydrathaltige Kost –
oder ich lass es einfach.
Ich kaufe mir ein E-Bike, eine Eismaschine,
einen Smoothie Maker –
oder ich lass es einfach.
Ich schenke mir ein Glas von dem Roten ein –
oder ich lass es einfach.

Ich lasse es einfach.
Erstaunlicherweise sind auch viele der Probleme
verschwunden.

31 Am Strand

Eine Frau sitzt am Strand, den Körper bedeckt mit Kleidungsstücken, auch den Kopf. Hijab nennt man das Tuch auf Kopf und Schulter. Zwei Polizisten stehen neben ihr, einer rechts, einer links, im Hintergrund sieht man liegende Menschen in Bikini oder Badehose, den Blick auf sie gerichtet. Sie solle sich ausziehen, hier am Strand, so hieß es in der Meldung zu diesem Foto.

Ich stelle mir vor, wie eine Frau im Bikini ihr Handtuch nimmt und es sich um die Hüften bindet. Dann wirft sie sich ihr großes Strandtuch über den Kopf und hält es unter dem Kinn zusammen. Sie geht rüber und setzt sich neben die Frau. Danach nimmt ein Mann sein riesiges Badetuch und legt es sich um. Auf den Kopf stülpt er sich die Bademütze seiner Frau, und auch er nimmt Platz neben der Frau.

So geht es weiter, bald hat sich ein Grüppchen von über zehn vollständig bedeckten Menschen gebildet. Liegematten werden ausgebreitet und geteilt.

Etwas entfernt stehen zwei Frauen mit den Füßen in der Brandung und springen hoch, wenn die nächste Welle anrollt. Die eine trägt Bikini, die andere Burkini, beide sind äußerst vergnügt.

Aber das allerbeste wäre, wenn die beiden Menschen in Uniform – ich glaube, auf dem Foto waren es ein Mann und eine Frau – sich jetzt ihrer Kleidung entledigen würden. Vielleicht wäre sowieso Dienstschluss. Jemand breitet ein großes Tuch auf dem Sand aus, damit die Kleidung nicht sandig wird. Eine Frau wirft ihnen weitere Tücher zu, denn sie sind doch noch sehr blass und sollen sich auf keinen Fall einen Sonnenbrand holen.
Bis in die Abendstunden würde eifrig gesprochen, erzählt, gesungen. Man hätte sie noch von Weitem lachen gehört.

32 Schwärmen

Als ich jung war, habe ich für einen Jungen zwei Klassen über mir geschwärmt. Beim Rundgang ums Schulgebäude in der Pause habe ich ihm immer hinterhergeschmachtet. Manchmal hat er sich umgedreht. Es ist nichts daraus geworden, obwohl ich ihn einmal sogar angesprochen habe. Ich würde immer wieder für jemanden schwärmen, wenn auch nicht mehr unbedingt für ihn.

Ich schwärme für einen Schokoladenpudding, nicht zu fest und nicht zu weich. Wie er sich cremig ganz in meiner Mundhöhle ausbreitet, bevor ich ihn genussvoll hinunterschlucke, den Löffel schon wieder eingetaucht.

Ich schwärme für diesen kleinen Kobold außen am Mauerwerk unserer Kirche. Anscheinend hatten sich die Baumeis-

ter vertan, und jetzt steht er da in einem Steinbogen, der von der Breite her nicht zu den übrigen passt. Er sieht so aus, als wollte er ihn auseinanderdrücken, und dabei grinst er schelmisch bis über beide Ohren.

Ich schwärme für Frauen, die für ihre Kinder und die Kinder anderer Frauen auf die Straße gehen, weil sie es nicht ertragen können, selbst Leben zu schenken, das andere leichtfertig vernichten.

Ich schwärme für das selbstvergessene Spiel von Kindern, die das kleinste Zimmer in ein Schloss oder eine Burg verwandeln können, Drachen zähmen und Menschen fliegen lassen können.

Ich schwärme für Schwyzerdütsch. Besonders wenn ich einen richtig groovigen Popsong in dieser Sprache höre, ist es um mich geschehen. Doch toller wäre es, wenn ich eine Liebeserklärung auf Schwyzerdütsch bekäme: Ichch liabä dichch.

Ich schwärme für wohlerzogene Menschen, die einen freundlich ansehen, „Bitte" und „Danke" sagen, die Tür aufhalten, einem auf dem Gehweg ausweichen, einen in Ruhe in eine Parklücke reinrangieren lassen, einen im Supermarkt vorlassen, wenn man selbst nur drei Sachen auf dem Arm gestapelt hat.

Ich schwärme für ein bestimmtes Licht am Abend, wenn die Schatten lang werden. Alles ist dann klar und weich zugleich. Es ist ein warmes Licht, das den Tag, egal wie er war, nochmal irgendwie gütig beleuchtet, bevor ich ihn in die Nacht verabschiede.

33 Großstadteremitagen

16:11

Grillparty auf dem Bürgersteig

Im vergangenen Sommer in Hamburg hätte ich an einigen Grillpartys teilnehmen können, einfach so im Vorübergehen. Nicht alle Leute haben Balkone, weitaus weniger noch einen Garten, vor allem nicht mitten in der Stadt. Aber manche wohnen im Parterre und benötigen nur einen Schritt, um auf den Bürgersteig zu treten. Wenn jetzt immer mehr Leute an einigermaßen warmen Abenden und Nächten draußen vor den Kneipen oder den Kiosken stehen, mit ihrer Bierflasche oder dem Cocktail in der Hand, warum dann nicht gleich eine Grillparty dort veranstalten? Auf dem Fenstersims stapeln sich Teller, daneben steht in einem großen Glas das Besteck. Ein Grill ist mitten auf dem Weg platziert und wird schon einmal vorgeheizt. Blickt man in den Hausflur, kann

man Schüsseln mit Salaten und Teller mit Grillgut entdecken. Vor dem Haus stehen Bierbänke und Tische bereit. Das ist öffentlicher Raum, privat angeeignet, zumindest vorübergehend. Privat und öffentlich vermischen sich auf diesen Bürgersteigen. Der beengte private Raum wird erweitert, die Öffentlichkeit ins Private geholt. Alle Leute, die vorbeigehen, werden freundlich begrüßt. Trotzdem habe ich den Eindruck, hier sind andere eingeladen. Aber vielleicht habe ich mich nur nicht getraut.

Partys auf den Dachterrassen

In Zürich, so erzählte mir eine Freundin, gibt es im Sommer Dachterrassenpartys. Da laden die Bewohnerinnen und Bewohner eines Hauses nach oben ein. Mir waren zunächst nur die vielen schönen Geländer mit den üppigen Grünpflanzen aufgefallen, dazwischen immer mal rote oder gelbe Stühle, ein Tisch, eine Gießkanne – zu erspähen, wenn ich meinen

Blick in die Höhe wandern ließ, über schöne Fassaden hinauf. Da ziehen dann also Leute von Dachterrasse zu Dachterrasse, blicken in einer lauen Sommernacht von hier oben aus auf die Stadt. Schön wäre es, sie könnten gleich hinüberspringen von einer zur anderen, ohne erst die vielen Treppen wieder hinab- und anschließend in einem anderen Haus wieder hinaufsteigen zu müssen. Wahre Luftsprünge wären das dann. Hier wird privater Raum öffentlich, die Häuser öffnen sich, der private Lebensraum wird in die Höhe erweitert. Nur noch der Himmel ist darüber.

Auf dem Halbmond

In meinem kleinen Städtchen gibt es ein Gebäude, das heißt Halbmond. Es ist eine halbkreisförmige kleine Burganlage mit einem Innenhof wie ein Halbkreis. Links und rechts kann man hinaufsteigen, ganz nach oben auf den Mauerrand mit den Zinnen. Oder man besteigt die Verbindungsmauer dazwischen, da geht es nicht so weit hinauf, aber hier stehen sogar ein paar Bänke. Egal, wann man zum Halbmond kommt, hier stehen und sitzen immer ein paar Leute. Manchmal geht es laut zu, meistens eigentümlich ruhig und entspannt. Ich denke, das liegt an der Aussicht. Vor einem, fast zum Greifen nah, stehen die vielen Türme der Marienkirche, dahinter weitet sich das Tal. Auf diesen Halbmond steige ich auch gerne.

34 Der kleine Humorratgeber

einfach da sein
schauen, wenn möglich auch um die Ecke
mit Kindern spielen
lachen und weinen
zetern, singen, trällern
sich wundern, staunen, verblüfft sein
fantasieren
auf der Bordsteinkante balancieren
komische Gänge erfinden und gehen
anderen tief in die Augen sehen
keine gute Figur abgeben
der eigenen Intuition vertrauen
lernen, grimmig zu gucken und schelmisch
das strahlendste Lächeln einüben, das überhaupt geht
sich manchmal eine Perücke aufsetzen
drei Witze einstudieren
Menschen heftig umarmen
jeden Tag eine sinnlose Tat
jeden Tag ein paar verplemperte Minuten
mitten am Tag zu träumen, ausprobieren
viele von diesen Dingen tun, die man nicht kann
gnädig mit sich selbst sein, wenn es wieder schiefgeht

35 BRUNNENRAND

Über den Astronomen Thales von Milet (um 624–547 v. Chr.) wird erzählt, er sei beim Studium der Sterne einem Hans-guck-in-die-Luft gleich in den Brunnen gefallen. Das wiederum habe eine Thrakerin beobachtet und sei darüber in ein herzhaftes Lachen ausgebrochen. Der Blick in den Himmel mag wohl viele Erkenntnisse offenbaren, aber da er naheliegendere Perspektiven außer Acht lässt, kann er auch ganz schön gefährlich werden. Die späteren Reaktionen auf diesen Vorfall sind unterschiedlich. Die einen tadeln die Frau, dass sie nur den Blick für das Bodenständige habe, der Wissenschaftler dagegen den für das Erhabene. Weshalb ein Abgang in den Brunnen immer noch einem nur erdverbundenen Dasein vorzuziehen sei. Wobei genau dieser Blick nach oben den Gang nach unten enorm befördert hat. Bodenständiger als in die Tiefen eines Brunnens geht wohl kaum. Die anderen machen sich deshalb gemeinsam mit der Thrakerin über die Überheblichkeit eines Thales lustig. Aber wer weiß, am Ende gewinnt er gerade aus diesem Loch wie mit einem Fernrohr noch die allerbeste Perspektive! Ja, und vielleicht hat er am Ende über so viel Humor verfügt, dass er sogar über sich selbst lachen konnte, da unten in dem Brunnen, mit sehr begrenzter und nun sogar fantastischer Perspektive. Wenn auch vermutlich mit schmerzenden Knochen.

Besonders reizvoll könnte es sein, wenn schließlich beide, die Frau mit ihrem Blick auf den Boden der Tatsachen und der Mann mit seinem Blick in die Höhe, auf dem Brunnenrand säßen und ihre Erkenntnisse zusammentragen würden. Das wäre wohl eine interessante Lerngruppe gewesen mit einem sicherlich breiten Spektrum an Deutungsvielfalt. Sie könnten

einiges voneinander erfahren, von der jeweils anderen Sicht- und Lebensweise. Sogar die abendländische Zweiteilung in männlich und weiblich, transzendent und immanent, diesseits und jenseits, Geist und Materie hätte auf diesem Brunnenrand ihre hierarchische Ausrichtung verloren.
Was wäre uns alles erspart geblieben! Schade, dass genau das nicht berichtet wird!

36 Fundstücke

Das abgesägte Stück Birkenholz vor dem Wohnblock, nachdem der Baum dem heftigen Sturm nicht mehr standhalten konnte.

Eine alte verrostete Bank, die ein Pärchen auf einem seiner Spaziergänge im Gebüsch entdeckt, gemeinsam nach Hause getragen und hergerichtet hat.
Sogar in ihrem Traugottesdienst nahmen sie darauf Platz.

Ein Kunstbuch mit japanischen Tuschezeichnungen in einem Seitental in den Alpen.
Dort hat ein Künstler einen Atelierraum errichtet, ein winziges Häuschen. Man wirft das Geld einfach in eine kleine Kasse.

Das Stück Rinde, das im Wald gefunden in der Adventszeit zu einer Adventsschale wird.

Der rote, am Wegesrand aufgelesene Draht, mit dem die lose Sohle am Bergschuh behelfsmäßig befestigt werden kann. Sie hält den ganzen Abstieg durch.
Beim Einsammeln und Mitnehmen hätte niemand daran gedacht, wie nützlich dieser Draht noch sein sollte.

Der flache Flusskiesel, ein schwerer Stein.
Jetzt dient er unter dem Schreibtisch als Fußbänkchen
und hilft beim Denken und Schreiben.

Einen Kamm am Strand, dem die alle Zähne fehlen.
Wer hat jetzt diese Zähne?

37 (Dr)unter und (Dr)über

Ein Unterstand kann eine hilfreiche Einrichtung sein.
Ein Überstand klingt bereits nach Überflutung.

Das Unterhemd ist mir näher als der Überrock,
den heutzutage sowieso kaum noch einer trägt.

Lieber gehe ich, wenn auch widerwillig, durch eine Unterführung, als dass ich meinen Körper einer Überführung überlasse – zumindest vorläufig noch nicht. Wohingegen mir Übergänge lieber sind als Untergänge, allerdings wollen auch diese bewältigt werden.

Ein Unternehmen zu führen, kann eine gewinnbringende Sache sein, wenngleich sich viele dabei auch übernehmen.

Merkwürdigerweise lese ich selten Überschriften.
Auch nicht die Unter-Überschriften. Ich fange immer gleich direkt an, den Beitrag zu lesen. Erst am Ende lese ich die Überschrift und wundere mich oft, wie gut sie doch passt.

Egal, um welches Papier es sich handelt, immer beschleicht mich ein mulmiges Gefühl, wenn ich meine Unterschrift daruntersetze. Und ich frage mich, ob ich wohl überrumpelt worden bin.

Lieber übersäuert als unterzuckert, obwohl beides kaum auszuhalten ist. Beides macht auf eigene Art wütend, das eine Mal von zu Vielem, das andere Mal von zu wenig.

Ich lasse mich lieber unterrichten als überwältigen. Ich behalte doch gerne die Kontrolle.

Dieser ganze Überfluss macht mich oft überdrüssig, und ich würde am liebsten alles rausschmeißen, was ich besitze. Aber ich weiß, bei nächster Gelegenheit würde ich von vorne anfangen und mir alles Mögliche wieder besorgen. Ich wäre der Meinung, dass ich es unbedingt bräuchte.

Die Überbleibsel von einem Fest dagegen würde ich am liebsten zu einem Kunstwerk zusammenstellen:
den roten Pappbecher, das lila Geschenkband,
die leere Dose mit den Tischkonfettis, das Röschen,
das aus der Vase gefallen sein muss, der Kerzenständer
mit der völlig runtergebrannten Kerze.

Übertreibungen sind mir oft lieber als das gekünstelte Understatement. Da weiß ich wenigstens, woran ich bin.

Ich mag es nicht, wenn ich unterbrochen werde, aber ich lasse mich sehr gerne unterhalten.

Ich glaube, ich habe einen Sinn für unterschwellige Botschaften. Aber ich weiß auch, dass ich sie meist überschätze.

Nur wenige mögen es, wenn Menschen so überschwänglich sind. Finden sie sie übertrieben, überkandidelt, überheblich oder einfach überzogen? Aber manche Erfahrungen darf man doch gar nicht untertreiben, dann verkümmern sie.
Das wäre eine schwere Unterlassung.

Ich liebe Überraschungen, aber sie sind selten geworden.
Vielleicht hat es damit zu tun,
dass so mancher Überschwang im Vorfeld abgefangen wird.

Oft fehlt mir der Mut,
aber Übermut habe ich immer reichlich.

MUT

38 Ich bin so frei

17:06

frei von Vorurteilen
frei von Allüren
gewaltfrei
steuerfrei
freigesetzt
ein freier Mensch

sorgenfrei
allergiefrei
karrierefrei
barrierefrei
freigebombt

Feuer frei!

Freikarte
Freilos
Freizeit
Freitag
Freibad
Freigang
Freischwimmer
Freimaurer

Freiheitskämpfer
Freiheitsstatue

freie Sicht
freie Nase
freies Land

Machen Sie sich frei!

freie Platzwahl
freie Netzwahl
freie Arztwahl
freie Wahlen

rauchfrei
alkoholfrei
hautfrei
staubfrei
bauchfrei
baumfrei
jugendfrei
schulterfrei

frei von Konservierungsstoffen
frei von ungesättigten Fettsäuren
frei von Farbstoffen
frei von Gentechnik

FCKW-frei
zuckerfrei
mentholfrei
cholesterinfrei
allergenfrei
nickelfrei
pickelfrei
kalorienfrei
fleischfrei

Stadtluft macht frei!

freiwillig
freihändig
freidenkend
freischaffend
freisinnig
freilich

Ich bin so frei!

mückenfrei
zeckenfrei
milbenfrei
vogelfrei
schulfrei
hitzefrei
eisfrei
schneefrei
autofrei
rostfrei
zollfrei
waffenfrei

freigestellt
freigeräumt
freigemacht
freigeschaufelt

Immer frei heraus!

Freibier
Frei-Öl
Freigeist
Freiverkehr
Freigänger
Freitod

frank und frei

Pressefreiheit
Meinungsfreiheit
Narrenfreiheit

Ich bin so frei

39 Gott steckt im Detail

Wirklich? Weit bekannter ist der Ausdruck „Der Teufel steckt im Detail“. Gemeint ist damit das Kleingedruckte eines Vertrages. Wer versäumt, dieses gut zu studieren, läuft Gefahr, böse hereingelegt zu werden. Denn das vordergründig so günstige Angebot kann sich als trickreich erweisen, so dass am Ende kaum mehr etwas davon übrig bleibt. Der Teufel also als Sinnbild für Betrügereien, hinterlistige Finten, die sich unter der Oberfläche des scheinbar gut Gemeinten verbergen.
Ganz anders die üblichen Gottesvorstellungen. Gott als Ausdruck des Guten, als Garant einer wohlgemeinten Harmonie, als Allmacht mit dem Überblick über das Große und Ganze. Hier eng und hintertrieben, da weit und weitherzig.

Gott von ganz oben, mit Weit- und Fernblick, nun im Detail zu verorten, könnte fast schon blasphemisch, ungehörig wirken. Der transzendente Gott über allem nun in den Tiefen und Untiefen des zwischenmenschlichen Geschehens? Im Hier und Jetzt, in der Immanenz?

Es gibt den Gedanken, dass in allem ein heiliger Funken sei, auch in uns Menschen, und damit auch etwas Göttliches. Derart Göttliches auch in den Pflanzen und Tieren, in allen beseelten Wesen. Doch wieso nur ein Funke? Immer wieder gibt es in den Religionen die Vorstellung von einem Gott in menschlicher Gestalt. Der tut dann oft nur so, als wäre er ein Mensch. Verkleidet etwa versucht er, an ein besonders reizendes menschliches Wesen heranzukommen, wie Zeus an die schöne Europa. Das Christentum glaubt an einen Gott,

der Mensch wurde. Voll und ganz, mit Haut und Haar, Leib und Seele, Fleisch und Blut. Konkret also, nicht nur als ein Funkenschlag. Dieser Gott macht sich verwechselbar mit den Menschen. Und deshalb sollte man ganz genau hinsehen, ins Detail gehen.

Gott ganz nah, hier und da, in diesem und in jenem Moment. In diesem und in jedem Menschen, in dieser und in jener Begegnung. Nicht oberflächlich, nicht überfliegend, nicht im Großen und Ganzen, Gott im Detail eben.

Man muss halt hinschauen, wie beim Vertrag, auf das Kleingedruckte.

40 FRAGEN 11:15

Was macht Sinn?
Wäre ich gerne eine andere?
War ich gestern ein anderer?
Werde ich morgen noch dieselbe sein?
Was liegt unter dem Teppich?
Wer macht Yoga?
Habe ich genug? Wovon?
Hat die Reeperbahn auch mal Ruhetag?
Was macht sie dann?
Warum macht niemand den Mund auf?
Macht niemand den Mund auf?
Warum bin ich nachts manchmal hellwach?
Was macht dieser Raum mit mir?
Sollte ich mal Austern essen?
Sollte ich eine Bürgerbewegung gründen?
Warum sagt die Kirche so wenig
zu den Ursachen der Flüchtlingskrise?
Sind nachts alle Katzen grau?
Was hat der Sigismund davon?
Wo ist vorne und wo hinten?
Kommt das dicke Ende noch?
Soll ich ins Wasser gehen?
Hört es denn gar nicht mehr auf zu regnen?
Soll ich einen Regenschirm mitnehmen?
Wie blau wird das Wunder sein, das ich erleben werde?
Kann man Elfen mit bloßem Auge sehen?
Kann man das Ende eines Regenbogens finden?
Geht da noch was?
Muss man über alles reden?
Welche Tür öffnet sich, wenn diese hier zugeht?

Will ich, was ich tue?
Tue ich, was ich will?
Wer wohnt am Fuße des Berges?
Worauf kommt es an?
Sollte ich umkehren?

Geht's noch?
Warum eigentlich nicht?

41 Wussten Sie, 

... dass zehn Imame in München zum katholischen Generalvikar gingen und ihm ihr Beileid und ihre Solidarität aussprachen, als vor einiger Zeit ein katholischer Priester in Frankreich ermordet wurde?

... dass es einen Liberal-Islamischen Bund e.V. in Deutschland gibt, der sich in der Verantwortung sieht, die mehrheitlich liberalen Positionen des in Europa vorherrschenden Islamverständnisses zu vertreten?

... dass kurz nachdem die vielen Menschen auf ihrer Flucht im Sommer 2015 in Deutschland angekommen waren, ungefähr 1.000 von ihnen von zwei muslimischen Gemeinden in der Nähe von Frankfurt zu einem köstlichen Essen eingeladen wurden? Und die christlichen Kirchen halfen fleißig mit?

... wann in diesem Jahr Chanukka ist und überhaupt wann der Gottesdienst in der Synagoge stattfindet und wann das Freitagsgebet in der Moschee?

Von vielen Dingen kann man gar nicht genug wissen!

42 Beleuchtungswechsel

Es gibt so ein bestimmtes Licht über den Spiegeln in Toiletten von Restaurants, wenn du da reinschaust, siehst du richtig gut aus – viel besser, als du dich gerade fühlst.
Und prompt fühlst du dich besser.

Schrecklich dagegen das Licht an manchen Passkontrollen. Als wollte man irgendetwas unter der Haut entdecken, wie mit diesen Lampen und Spiegeln, mit denen man die Autos an ihren Unterseiten untersucht hat.

Zu hell ist das Licht in vielen Umkleidekabinen. Manchmal macht es dich bleich wie einen Käse.

Die Fotos von dir, die gemacht wurden, als die Sonne voll in dein Gesicht schien, sind sehr unvorteilhaft. Ganz anders als es sich anfühlte, so von der Sonne beschienen zu werden.

Kann er nicht aufpassen? Der sieht doch, dass ihm ein Auto entgegenkommt! Er hätte schon längst abblenden müssen!

Wenn du geblitzt wirst, hast du einen Gesichtsausdruck wie ein erschrecktes Kind in der Geisterbahn. Alles um dich herum ist finster, nur die Mitte deines Gesichts extrem hell ausgeleuchtet.

Wenn du nicht aufpasst, blendet dich die Leselampe jedes Mal beim Aufstehen und wieder Hinsetzen. Dann tappst du mit geschlossenen Augen zum Sessel und öffnest sie erst wieder, wenn das Buch auf deinem Schoß auch geöffnet ist.

Was das wohl für eine Lampe ist, mit der sie deinen Magen und deinen Darm ausgeleuchtet haben?
Die Fotos sind gestochen scharf, alles zart und rosa.

Die Bühnenscheinwerfer blenden mal wieder, aber sie lassen dich blendend aussehen.

Zeit für einen Beleuchtungswechsel.
Du nimmst das Licht selbst in die Hand.
Du leuchtest jetzt an und aus, was du genau sehen willst.
Du wirst anstrahlen, was im Dunkeln liegt.
Du wirst hinter die Fassade leuchten.
Du wirst einen Spot setzen, wo noch nie einer war.
Du wirst einen großen Scheinwerfer anschalten und den Dingen hinterhergehen.
Was wirst du nicht alles ans Tageslicht befördern.
Gott schuf das Licht und du illuminierst damit.

43 Versprechen

Ich will nach den Sternen greifen
und dir das Glück auf Erden bereiten.

Ich will dich zum Lachen bringen
und deine Tränen auffangen.

Ich will dich auf Händen tragen
und mich in deine Arme fallen lassen.

Ich will mit dir die Nacht zum Tag machen
und den Tag zu einem strahlenden Fest.

Ich will mit dir ein Feuer entfachen
und die Glut bewahren.

Ich will dir Suppe kochen
und reinen Wein einschenken.

Ich werde das alles nicht können
und werde es täglich neu tun.

Das macht die Liebe zu dir, die beste Gabe Gottes.

44 Heute fällt

... mir alles aus den Händen

Am Morgen der Deckel der Zahnpastatube.
Am späteren Vormittag der Brieföffner.
Am Mittag das Salatbesteck.
Am Nachmittag der Stapel mit den Unterlagen.
Am späteren Nachmittag der Fahrradschlüssel.
Am Abend der Flaschenöffner.
Am späteren Abend der Deckel der Zahnpastatube.

... mein Auge

Auf den hässlichen Fleck an der Zimmerdecke.
Auf den ganzen Kram, den ich in der Ecke gestapelt habe.
Auf die Mücke, die selbst zu dieser Jahreszeit noch durch das Zimmer fliegt.
Auf das zu volle Gemüsefach des Kühlschranks.
Auf die leere Seite des Papiers vor mir.
Auf die vollbedruckte Seite der Tageszeitung.
Auf dieses unglaubliche Weiß deiner Augen.

... die Entscheidung

Ich nehme diesen Auftrag an.
Ich schreibe einen Brief.
Ich suche mir eine neue Wohnung.
Ich nehme Gesangsstunden.
Ich gehe noch einmal auf sie zu.
Ich gehe heute alleine aus,
und morgen lade ich mir die ganze Bude voll.
Ich mache eine Pause.

... der Vorhang

Ich lächle nur noch, wenn mir auch danach ist.
Ich ziehe keine Kleider mehr an,
die Problemzonen geschickt umspielen.
Ich rufe nicht mehr an.
Ich gebe mich nicht zufrieden.
Ich fahre im nächsten Jahr nicht wieder
an denselben Urlaubsort.
Ich höre auf, mir Vorwürfe zu machen.
Ich mache nicht mehr alles Möglich(e).

45 Intervalle

Ein Intervall ist in der Musik der Abstand zwischen zwei Tönen. Sie können gleichzeitig erklingen oder kurz nacheinander. „Inter" heißt dazwischen und „vallus" heißt Pfahl, eigentlich Schanzpfahl. Das klingt nach verschanzen und verstecken. Ein Wall besteht aus vielen solcher Pfähle und klingt wie das lateinische vallus. Damit es hörbar klingt, braucht es das „Dazwischen" und den „Wall".
Wer mal an einem Strand gesungen oder sogar am Meer in ein lautes Instrument wie ein Saxophon geblasen hat, weiß, wie die Töne hier regelrecht mit dem Wind davonfliegen. Kaum hörbar, verschwinden sie gleich wieder.
Anders in den Bergen, da schwingt auch ein leiser Ton mehrfach hin und her.

Ein Intervall ist wie ein Klangraum.
Wie man die Atmosphären in Räumen erspüren kann, so auch die Stimmungen der Intervalle.
Die Anfangsintervalle von Musikstücken versetzen in große, enge, freundliche, bedrückende, heitere, triste Räume.

Was für ein Raum wäre heute passend?
Mit welchem Intervall wäre er erfahrbar?
Ob man sich mit Musik auskennt oder nicht, spielt keine Rolle.

Fröhlich und beschwingt klingt eine große Terz:
„Morning has broken, like the first morning."
„Alle Vöglein sind schon da, alle Vöglein alle."

Noch beschwingter die Quinte,
wie ein Sprung über eine Regenpfütze:
„I am singing in the rain, just singing in the rain,
What a glorious feeling, I am happy again.
I'm laughing at clouds, so dark up above,
The sun's in my heart, and I'm ready for love."

Wer gerne aus dem Gesangbuch singt,
hier ein fröhlich-strahlendes:
„Wie schön leuchtet der Morgenstern."

Bei sehr viel Wasser hilft ein Boot
mit einer großen Sext über den See:
„Jetzt fahr'n wir übern See, übern See,
jetzt fahr'n wir übern See."

Wenn der Regen dann aufhört und der Regenbogen
verheißungsvoll am Himmel steht wie eine reine Oktave:
„Somewhere over the rainbow, way up high,
And the dreams that you dreamed of, once in a lullaby.
Somewhere over the rainbow, bluebirds fly.
And the dreams that you dreamed of,
Dreams really do come true ooh ooooh."

Zart dagegen, verletzlich und doch trotzig
klingt mit der kleinen Terz:
„Hänschen klein, ging allein, in die weite Welt hinein."

Trotzig, liebe- und humorvoll das Lied
mit der kleinen Sext aus dem jiddischen Musical
„Man könnte leben, aber sie lassen uns nicht" von 1933:
Bay mir bistu sheyn,
Bay mir hos tu heyn,
Bay mir bistu eyner oyf der velt.

Bay mir bistu sheyn,
Bay mir hostu heyn,
Bay mir bistu tayerer fun gelt.

Abwärts klingt dieses Intervall in der Filmmusik zu „Love Story“ ganz schön traurig.

„Geh aus mein Herz und suche Freud" ist ein beliebtes Kirchenlied, das im Sommer viel gesungen wird: Die kleine Septime klingt sehnsuchtsvoll, wenn es dann weitergeht „in dieser lieben Sommerzeit".

Alarmierend dagegen klingt eine Quart, dann, wenn ein Krankenwagen mit Martinshorn vorbeirast.
Mit einem bekannten Kanon kann ebenfalls mit einer Quart entgegengehalten werden:
„Dona nobis pacem."

Als würde sich gar nichts bewegen, klingt mit einer dankbaren Ruhe eine reine Prim. Zweimal derselbe Ton hintereinander, kein Intervall und doch:
„Danke für diesen guten Morgen,
Danke für jeden neuen Tag."

Und wie sollte man besser die Musik, das Heilige und das Zerbrochene loben, als mit Leonard Cohens „Halleluja“ und mit einer kleinen Sekunde wie einem schmalen Spalt, der dennoch das Licht hineinlässt:
„There's a blaze of light in every word,
It doesn't matter which you heard,
The holy or the broken Hallelujah."

Und welches Lied stimmen Sie heute an?

46 Kleine Zeichen, die „Ja" sagen

Der Postangestellte, der mir aus dem Lager einen Karton bringt, weil die Klappkartons im Regal ausverkauft sind.

Die kleinen roten Nelken, die im Dezember immer noch auf dem Balkon blühen.

Das erste Vanillekipferl in der Adventszeit.

Das viele zarte, weiche Moos im Wald, wenn man einmal von den Wanderwegen abweicht und mitten hinein über Blätter und Äste stolpert.

Ein Schmetterling, der sich mir auf die Hand setzt, wie ich da auf der Bank an der Waldlichtung sitze.

Das satte und zufriedene Gefühl, wenn eine Arbeit gut gelungen ist.

Das Lächeln dieser wildfremden Frau im Zug, als sie ihre Tasche vom Sitz wegnimmt und mir den Platz anbietet.

Diese andere wildfremde Frau, mit der ich mich vor der Umkleidekabine berate, ob mir dieses Kleid steht, und sie nicht die Verkäuferin ist.

Der Mann, der mit anderen zusammen ein Schiff gekauft hat, um damit im Mittelmeer Flüchtlinge aus ihren Schlauchbooten zu retten.

Der Freund aus Ägypten, mit dem ich oft herumalbere über den deutschen Konjunktiv I und II: Hätte, hätte, Fahrradkette.

Aufbackbrötchen an einem trüben Novembersonntag.

Die Einladung der Nachbarin zum Kaffeetrinken an Heiligabend.

nformieren Sie sich.+++ Verspätung ca.
12:04
EC 390
Weinheim - Bensheim - Darmstadt Hbf
Frankfurt (M) Hbf
Folgezüge:
12:59 IRE 4906 Karlsruhe Hbf
13:12 IC 2012 Magdeburg Hbf

47 heilsnotwendig

Die ersehnte E-Mail der Tochter auf Reisen.

Der freundliche Blick der Beamtin,
nachdem sie mein Dokument betrachtet hat.

Das Medikament, das plötzlich anschlägt.

Die SMS, mit der er sich entschuldigt.

Der Regenbogen an einem Tag wie diesem.

Die Umarmung dieses Kindes.

Das Kerzenlicht auf dem Frühstückstisch.

Der Brief mit der Einladung zum Vorstellungsgespräch.

Der unerwartet freie Tag.

Das aufmunternde Wort des Kollegen,
kurz bevor ich anfange zu sprechen.

Der Traum heute Nacht, in dem sie mir gesagt hat,
ich solle mich nicht sorgen.

Die Nachricht, dass der Freund ausreisen darf.

Der Zug, der gerade heute, als ich selbst spät dran bin,
Verspätung hat.

Der Teller Spaghetti mit Tomatensoße unerwartet
auf dem Tisch der Freundin.

48 Leicht

leicht * fertig
gläubig
sinnig
füßig
gängig
gewichtig
Bauweise
verdaulich
lebig

feder *leicht
kinder

Gewogen und für zu leicht befunden.
Sprichwort

Leichtfertig ist die Jugend mit dem Wort und
bar jeden Sinnes für geschäftliche Dinge.
Onkel Dagobert

Der jugendliche Leichtsinn hält sich oft bis ins hohe Alter.
Brigitte Fuchs

Bei großen Unternehmungen wie bei großen Gefahren
muss der Leichtsinn verbannt sein.
Johann Wolfgang von Goethe

Leichtsinnig in der Jugend macht ärmlich im Alter.
Fernöstliche Weisheit

Warum hat das Leichte einen so schlechten Ruf?
Ist das Schwere wirklich so viel gewichtiger?
Unterliegt der Leichtsinn eigentlich auch der Schwerkraft?
Jürgen Wilbert

Jede Glaubwürdigkeitslücke lässt sich mit einer Füllung Leichtgläubigkeit stopfen.
Unbekannt

Ist Leichtgläubigkeit ein großer Vertrauensvorschuss?
Darf's auch ein bisschen leichter sein? Unbeschwert und einfach?

Leichtsinn ist die fröhliche Art, Erfahrungen zu sammeln.
Art van Rheyn

Leichtsinn ist leichter Sinn.
Aber Schwermut ist kein schwerer Mut.
Waltraud Puzicha

Der Leichtsinn ist ein Schwimmgürtel
für den Strom des Lebens.
Carl Ludwig Börne

zu *leicht ?
viel *leicht!

49 Jubelnde Füße

Wie schön sind auf den Bergen die Füße derjenigen,

Füße, schöne Füße
in leichten Schuhen
von Fels zu Fels springend
über Bergrücken tanzend

die Freude verkünden, die Frieden ansagen,
Gutes verkünden,

Füße, die sprechen
fröhliche Füße
jubelnd

Rettung ansagen, die zu Zion sprechen:
„Deine Gottheit regiert!"

fest auf dem Boden, dem Stein,
und dem Himmel verbunden
Gott gegenwärtig

Horch! Deine Wachposten erheben die Stimme,
jubeln gemeinsam!

Wachposten in Soldatenstiefeln
Standfest hinter Zinnen, den Blick scharf gestellt
Jetzt jubeln auch ihre Füße

Ja, Auge in Auge sehen sie,
wie Gott zurückkehrt zu Zion.

Die Hacken nicht zusammengeschlagen
vor dem Kaiser und dem Hauptmann
        nicht stillgestanden
Die Augen nicht links, nicht rechts
        vielmehr
mit weichem Blick dem Horizont begegnen

Brecht in Jubel aus, alle gemeinsam,
ihr Trümmerreste Jerusalems,

Füße nackt, in Lumpen, in Stiefeln
Füße auf Schutt, auf Dreck, auf Scherben
Darüber gehen und sich nicht verletzen
Die Trümmer richten sich auf und feiern mit

denn getröstet hat Gott das Gottesvolk,
hat Jerusalem befreit.

Von Fuß bis Kopf heile werden
        alle

Entblößt hat Gott den heiligen Arm vor den Augen
aller fremden Völker:
Es sehen alle Enden der Erde das Heil unserer Gottheit.

Jesaja 52,7–10

50 Faulpelz 

„Ein Fauler dreht sich im Bett wie die Tür in der Angel." (Sprüche 26,14)

Morgens nicht aus den Federn kommen!
Morgenmuffel sein und mit leerem Blick über die Kaffeetasse hinwegsehen.
So spät aufstehen! Da ist ja der halbe Tag schon verloren!
Stell dir halt den Wecker!
Wer morgens lange auf der faulen Haut liegt,
tut es auch tagsüber.
Faulpelz

„Der Faule spricht: ‚Es ist ein Löwe draußen;
ich könnte getötet werden auf der Gasse.'" (Sprüche 22,13)

Es lohnt sich nicht mehr, diese Arbeit anfangen.
Morgen ist auch noch ein Tag.
Der Bus fuhr mindestens zwei Minuten zu früh ab.
Ich dagegen komme nie zu spät.
Wie gehst du mit der wertvollen Zeit der anderen um!
Ich hatte was zu Hause vergessen, musste nochmal zurück, die Ampeln waren alle auf Rot, und dann habe ich mich auch noch verlaufen.
Faule Ausrede

„Geh hin zur Ameise, du Fauler,
sieh an ihr Tun und lerne von ihr!" (Sprüche 6,6)

Der Kollege geht auch erst um Mitternacht ins Bett und steht jeden Morgen putzmunter um 6 Uhr auf. Vor allem bleibt er es den ganzen Tag über.

Hier ist noch locker eine Effektivitätssteigerung drin.
Wir optimieren diesen Arbeitsvorgang und holen
noch mehr Gewinn raus.
Sie wollen doch nicht als arbeitsscheu gelten!
Es gibt kein Recht auf Faulheit

„Der Faule begehrt und kriegt's doch nicht;
aber die Fleißigen kriegen genug." (Sprüche 13,4)

Leistung lohnt sich (nicht).
Jeder ist Unternehmer seines Schicksals.
Jede Woche 40 Stunden arbeiten und doch nicht
davon leben können.
Wo kommen wir denn hin, wenn sich jeder
in einer sozialen Hängematte ausruhen will?
Hättest du dich mehr angestrengt,
hättest du auch eine bessere Stelle bekommen.
Faulheit gehört bestraft

„Der Faule stirbt über seinen Wünschen;
denn seine Hände wollen nichts tun." (Sprüche 21,25)

Lieber Arm ab als arm dran.
Alles mit meiner eigenen Hände Arbeit verdient.
Könntest du auch haben.
Ich darf nicht arbeiten und liege dem Staat auf der Tasche.
Meine zukünftige Rente will ich mir lieber erst gar nicht ausrechnen.
Den ganzen Tag auf der faulen Haut liegen und dann noch Ansprüche stellen.
Vor Faulheit stinken

Kirche, Obrigkeit und der Kapitalismus sind sich einig:
Faulheit ist Gotteslästerung,
und wer nicht arbeitet, soll auch nicht essen.
Einige arbeiten nicht und essen trotzdem,
bei ihnen arbeitet das Geld.
Andere arbeiten wie blöde und essen schlecht,
weil der Lohn nicht ausreicht.
Wer meckert, fliegt raus.

Da ist doch was faul!

51 Visionen

Kann es einen größeren Realismus geben als die Kraft der Fantasie und der Vision?

Anstatt mich in die allgemeine Sachlage, die politischen Notwendigkeiten, die angebrachte Nüchternheit hineinzwingen zu lassen, will ich gerade aus ihnen heraus eine gerechte und friedliche Welt entwerfen. Wer sagt denn, dass diese nicht möglich sein sollte? Möglicher und wünschenswerter als die Alternativlosigkeit allemal. Hilfreich ist allerdings, sich die Visionen gegenseitig mitzuteilen, sich voneinander inspirieren zu lassen und schließlich auch gemeinsam etwas zu unternehmen. Ich fange dann schon mal an, nicht wahr?

Ich habe mich bereits vor Jahren inspirieren lassen von einem verblüffenden Vorschlag der Sozialpsychologin Frigga Haug, die an der Hochschule für Wirtschaft und Politik in Hamburg lehrte. Kennen gelernt habe ich sie, als auch ich dazu forschen wollte, wie sich Frauen im Laufe ihres Lebens eine weibliche Identität erarbeiten. Uns hat beschäftigt, ob und wie wir da nicht an der einen oder anderen Stelle eingreifen könnten. Eingreifende Forschung auch im Blick auf das Arbeitsleben und die Freizeit! Jetzt, nach über 30 Jahren, halte ich ihre Vorschläge für aktueller denn je und – warum denn nicht – realisierbar.

Es ist ein 4+4+4+4-Modell, zusammen gibt das 24 Stunden, einen Tag. Sie nennt es 4-in-1-Perspektive. Anstatt weiterhin darüber zu streiten, wer das Geld verdient und wer die Hausarbeit macht, wie beides in Biografien von Frauen vereinbart wird, während sich in Männerbiografien nur geringfügig etwas verändert, schlägt sie vor:

Die vier Tätigkeitsbereiche unseres Lebens – Erwerbsbereich, Reproduktionsbereich, Kultur, Politik – auf zeitlich gleicher Ebene anzuordnen, statt sie einander über- und unterzuordnen.

Ich erkläre es weiter mit der Stimme meinen fleißigen, ehren- und hauptamtlichen clownesken Frau Seibold aus dem Schwäbischen:

Jeder Tag hat 24 Stunden!
Die einen schaffen 8 bis 12 Stunden ums Geld und landen, wenn sie Glück haben, nicht im Burn-out.
Die anderen schaffen sogar rund um die Uhr daheim für die Kinder, die alten Eltern, aus Liebe und Zuneigung und landen, wenn sie Glück haben, auch nicht im Burn-out.
Wieder andere und teilweise dieselben schaffen im Ehrenamt, in der Kommunalpolitik, in der Kirche, im Flüchtlingsheim, in einer Bürgerinitiative oder im Sportverein.
Und manche schaffen es sogar, nebenbei noch ein Musikinstrument zu spielen.

So kommt's, dass alle sagen: „Keine Zeit", und dabei so viele Talente und Interessen auf der Strecke bleiben. Und wenn alles immer von Berufspolitikern entschieden wird, kann man leicht schimpfen auf „Die-da-oben". Wie wär's, wir teilen des einfach alles gleichmäßig über den Tag und unter uns auf, unter uns Frauen und Männern.

4 Stunden schaffen ums Geld. Das nennt man Erwerbsarbeit.
4 Stunden Familienarbeit und sogenannte Care-Arbeit. Dazu sagt man Reproduktionsarbeit.
4 Stunden Ehrenamt oder bürgerschaftliches Engagement, halt politisch aktiv im Städtle, im Landtag oder in einer Hilfsorganisation oder Bewegung.

Das macht schon mal 12 Stunden. Danach hat man immer noch ein paar Stunden Zeit, also rund 4 Stunden, bevor man sich ins Bett legt. Also noch gut Zeit für einen Krimi, fürs Kegeln oder ein Viertele. Zeit für den Kirchenchor, für ein Instrument, für eine neue Sprache, für den Garten oder die Werkbank, also nochmal 4 Stunden für „Kultur“. Das ist Zeit, in der man sich um nichts kümmern muss, auch als Frau nicht. Das Feiern nicht vergessen!

52 RÜCKWÄRTS 13:02

Das Hebräische ist eine Sprache, die von rechts nach links gelesen wird. Vielleicht könnte man die Bibel besser verstehen, wenn man die Richtung wechselt, auch im Deutschen. Entweder von rechts nach links oder von hinten nach vorne.

Vorhaben jedem bei ihnen begegnet und Pfaden ihren auf jenen sie erscheint freundlich, ist würdig ihrer wer, sucht und umher selbst geht sie denn. Sein sorgenfrei schnell wird, bleibt wach ihretwegen wer; Klugheit der Vollendung ist, nachzudenken Weisheit über. Sitzend Türe ihrer neben sie finden Sie: Mühe keine haben, suchen zu sie um, aufstehen früh die. Erkennen zu sich gibt und zuvor sie kommt, verlangen ihr nach die, denen. Suchen sie die, denen von gefunden und, lieben sie die, denen von erblickt sie wird leicht, Weisheit die ist unverwelklich und strahlend.

WERDEN
WEIT
UND
ERBEBEN
WIRD
HERZ
DEIN
UND
STRAHLEN
FREUDE
VOR
UND
SEHEN
LUST
DEINE
DU
WIRST
DANN
Jesaja 60,5

AUF
DIR
ÜBER
STRAHLT
GOTTES
GLANZ
DER
UND
KOMMT
LICHT
DEIN
DENN
LICHT
WERDE
AUF
STEH
Jesaja 60,1

Statt eines Nachworts

Der Gong

Der Gong ertönte, und augenblicklich brach die Frau, die gerade sprach, mitten im Satz ab und schwieg. Die anderen im Raum lehnten sich auf ihren Stühlen zurück, manche senkten den Blick, andere atmeten hörbar aus. Alle schienen sich zu entspannen. Es war 11 Uhr und 41 Minuten. Diese Zeit war für den späteren Vormittag vereinbart worden. Jemand achtete darauf und schlug pünktlich den Gong. Die Anwesenden waren Teilnehmende eines Seminars über Spiritualität. Eben noch wurde über die Bedeutung von Religion als Unterbrechung gesprochen, Erfahrungen wurden ausgetauscht, theologische Hintergründe erläutert, da ereignete sie sich auch schon, die Unterbrechung. Fünf Minuten lang meditierten daraufhin alle auf ihre Weise, manche mit geschlossenen Augen und sehr aufrecht sitzend, andere bequem im Stuhl hängend oder gar mit dem Fuß wippend. Danach ertönte wieder der Gong, ein Blick in die Runde und weiter ging es im Gespräch. So geschah es mehrere Male am Tag, und nie ging es so weiter, wie es vorher aufgehört hatte. Allerdings ging es immer an derselben Stelle weiter. Eben nur anders. Konzentrierter, klarer, leichter – so oder ähnlich wurde es später kommentiert. Hatte sich vorher eine in ihren Gedanken verheddert, war ausschweifend geworden, umständlich und unverständlich, so nahm sie anschließend völlig klar den Faden wieder auf. Die Gedanken schienen sich während dieser Unterbrechung zu sortieren und zu verdichten, obwohl sie gerade nicht weitergesponnen wurden. Allenfalls schwebten sie durch die Köpfe wie diese berühmten Wölkchen am dichten Gedankenhimmel der meditierenden Menschen. Aufmerksam wurde dann wieder zugehört und aufeinander reagiert, bis es wieder Zeit war für den nächsten Gong.

Vigil, Vesper und Komplet

Wie bei den traditionellen Stundengebeten, die ebenfalls den Tagesablauf unterbrechen, gab es auch hier bestimmte Zeiten der Unterbrechung. Allerdings waren diese nicht festgelegt auf die Vigil am frühen Morgen, die erste, dritte oder neunte Stunde. Wir hatten auch keine Vesper und Komplet geplant und damit den ganzen Tag in seine Tagzeiten unterteilt. Die Gruppe hatte sich vorher auf völlig schräge Zeiten verständigt. Zeiten, auf die man sich nicht vorbereiten konnte. Zeiten, die wie ein Gongschlag plötzlich über einen hereinzubrechen schienen. Eine alte, bewährte Tradition in neuer, radikalerer Form. Einerseits ist die getaktete und klar festgelegte Tagesstruktur auf beliebige und gar unsinnige Einteilungen verschoben. Andererseits sind es gerade die unmöglichen Zeiten, die noch tiefer in den Ablauf einzuschneiden scheinen. Wohl zu Beginn gemeinsam festgelegt, dann aber wieder vergessen und nur der Verantwortung eines Teilnehmers überlassen, treffen die Unterbrechungen härter.

Sich unterbrechen

Eben solche Unterbrechungen möchte auch dieses Buch ermöglichen. Jeder Woche ist ein Thema mit Texten und einer bestimmten, nahezu beliebigen Zeit zugeordnet. Sie ist wie eine Anregung. Etwa das Handy danach zu stellen, jeden Tag einer Woche zur selben Zeit. Oder sich selbst eine Zeit auszusuchen, je neu zu programmieren, ohne vorher groß darüber nachzudenken. So bliebe es immer noch eine Überraschung. Das Buch würde so zu einem Stundenbuch postmoderner Art – würde eine alte Tradition aufgreifen und sie in scheinbarer Beliebigkeit dem sowieso zerteilten Tagesablauf mit seinen vielfältigen Aufgaben und Verpflichtungen zu-muten.
Ich stelle mir vor, wie jemand mitten im Meeting aufsteht, den Raum verlässt und ihn nach einigen Minuten leicht

lächelnd wieder betritt. Oder sich für einige Minuten ausklinkt aus dem Gespräch, nicht einmal mehr recht zuhört, bis es den anderen eventuell auffällt. Ich stelle mir vor, wie jemand in der U-Bahn die Augen schließt und nach innen lauscht und auf die Art sehr wahrscheinlich die geplante Haltestelle verpasst. Ich stelle mir vor, wie jemand den Topf vom Herd nimmt, die Platte ausschaltet und erst fünf Minuten später wieder in ihn hineinsieht. Ich stelle mir vor, wie ein Paar mitten im Streit einfach aufhört zu reden, wie sich beide hinsetzen, schweigen und später vielleicht gar nicht mehr verstehen, was eigentlich der Grund ihres Streits war. Oder aber sie haben genau diesen endlich gefunden. Ich stelle mir vor, wie einer die Musik abdreht, die Stöpsel aus den Ohren zieht und innig auf die Geräusche der Stadt lauscht. Ich stelle mir vor, wie eine Frau den Wagen rechts am Straßenrand parkt und einfach, ohne auszusteigen, sitzen bleibt. Nach einigen Minuten fährt sie weiter, eventuell in eine andere Richtung. Ich stelle mir vor, wie die Altenpflegerin aufhört, den Menschen weiter zu waschen, und stattdessen fünf Minuten lang dessen Hand hält. Vorher hat sie natürlich das Handtuch ausgebreitet, damit es keine Erkältung gibt. Ich stelle mir vor, dass eine Verkäuferin ihr Verkaufsgespräch abbricht und mit ihrer Kundschaft plan- und ziellos durch den Laden streift, ohne ein Wort zu wechseln. Ich stelle mir vor, dass jemand seine Rede unterbricht, die Leute ansieht, dann auf seinen Platz geht, um erst einige Minuten später fortzufahren. Ich stelle mir vor, dass das auch mitten in einer Predigt geschehen könnte.

Instant

Ist das jetzt auch wieder nur eine Form von Spiritualität, angepasst an unseren hektischen, kurz getakteten Tagesablauf? Leicht zu konsumieren wie ein leckerer Smoothie als

Zwischenmahlzeit? Ein bisschen Wellness für die arme Seele? Wohl portionierter Übermut? Wenigstens mal kurz abschalten, entspannen, nichts mehr denken, für nichts mehr verantwortlich sein, nicht gestört sein, auf nichts reagieren oder unerwartet agieren? Das sind ja keine schlechten Bedürfnisse, im Gegenteil. Sie sind Ausdruck einer Sehnsucht, dem hektischen Treiben entfliehen zu wollen. Oder wenn auch nicht der Hektik selbst, dann der Tatsache, dass mittlerweile nur noch zählt, was effektiv, mit hoher Leistung, gründlich und zugleich bei guter Laune erledigt werden kann. Das betrifft nicht einmal nur die Arbeitswelt, zu der man gehört oder auch nicht. Der Mensch als Leistungsträger mit Potenzialen, Ressourcen und positivem Denken ist auch in persönlichen Beziehungen gefragt. Da wundert es nicht, wenn auch spirituelle Übungen in den Verdacht geraten, nur der weiteren Optimierung zu dienen. Wie die im Büro angebotenen Yogastunden oder rezeptartigen Vorschläge für mehr Glücksgefühle.

Spiritualität aber ist kein Konsumgut, das leicht zu kaufen und zu genießen ist. Spiritualität gilt auch als harte Arbeit, jahrelanges Training, intensive Versenkung, strenge Disziplin und Entsagung. Auf keinen Fall aber als Instantprodukt. Ich bin davon überzeugt, dass es auch anders geht.

Meines Erachtens liegt es weniger an der in spirituellen Übungen investierten Zeit als vielmehr an der Haltung, mit der sie betrieben werden. Es geht nicht nur darum, was in Phasen spiritueller Auszeit geschieht und mit welchem Ziel sie eingehalten werden. Es geht zunächst darum, wie ich in so eine Phase eintrete und was ich in ihr suche. Ich halte alle Angebote für verdächtig, die mich nur als Individuum erreichen, ohne den gesellschaftlichen Zusammenhang mit im Blick zu haben. Als dürfte die Welt untergehen, solange nur ich im Einklang mit mir selbst bin. Ebenso sind mir spirituelle Übungen suspekt, die meinen Verstand ausblenden und ausschließlich auf meinen restlichen Körper zielen. Auch bei körperlichen Übungen möchte ich wissen, wie sie zu verstehen sind, und nicht die vielen anderen menschlichen Körper und ihre Lebensbedingungen auf unserem Planeten vergessen. Skeptisch werde ich, wenn von mir völlige Hingabe verlangt wird – sei es an eine bestimmte Lehre oder an einen bestimmten Lehrer oder eine Lehrerin. Aber auch die Unterwerfung unter ein bestimmtes göttliches und vollkommenes Wesen lassen mich aufhorchen. Nicht selten ist damit verbunden, dass auch von mir ein Streben nach Vollkommenheit verlangt wird, mit etwas Übung nach und nach erreichbar. Dann bin ich wieder eingeholt von dem, woraus ich mich ja befreien will: dem individualistischen Streben nach Perfektion, das mich eher zu einer Maschine macht, als mich Mensch mit Schwächen, Fehlern, Krankheiten und Nöten sein lässt. Einen ganz normalen Menschen also.

Das suche ich in spirituellen Momenten der Unterbrechung: meine menschliche Normalität, die nichts weniger ist als auch eine göttliche (vgl. 39 „Gott steckt im Detail"). Angesprochen werden auf alle meine Sinne, aufmerksam werden für das Unscheinbare, für die Lücken und Leerstellen im Leben, die interessante Einblicke erlauben. Eine Achtung vor der Verletzlichkeit des Lebens aller gewinnen. Mich besinnen auf das, was notwendig wäre. Eine Verbundenheit mit allen spüren, die gerne Liebe genannt wird und weit mehr ist als die Beziehung zu einzelnen Menschen. Für solche Einsichten und Erfahrungen braucht es Unterbrechungen, Umwege, scheinbar Sinnloses, auch mal Übermut (vgl. 37 „[Dr]unter und [Dr]über") und immer wieder leises oder lautes Lachen (vgl. 12 „Witze" und 13 „Haben Sie Humor?").

Quellennachweise

6 Glück

[1] Zit. n. Giorgio Agamben, Zauberei und Glück.
In: Ders., Profanierungen. Frankfurt a.M. 2005, S. 47–50.

8 W/Orte

[2] In: Margaret Mazzantini, Das Meer am Morgen,
Köln 2012, u.a. S. 123

14 A crack in everything

Gefunden im Internet unter Bildsache und Texteingabe:
„In Japan, broken objects …“ (hier noch wesentlich mehr Beispiele)

17 Papierdialoge

Papier zerknüllen: angeregt durch
https://sebastiants.wordpress.com/neu-im-spiel/fuer-nizza/

22 Körperkardiologie

Erstmals in: Simone Burster/Petra Heilig/Susanne Herzog (Hg.),
Frauenkalender 2014, Ostfildern 2013

39 Gott steckt im Detail

Die Anregung, mit solchen Redewendungen zu spielen,
habe ich von Slavoj Žižek, Die gnadenlose Liebe, Frankfurt a.M. 2001,
übernommen

46 Kleine Zeichen

Eine Zeile aus dem Text: „How to be an Artist“,
der Joseph Beuys zugeschrieben wird, aber von Susan Sark stammt:
http://planetsark.com/sark-posters/

49 Jubelnde Füße

Übersetzung: Ulrike Bail u.a. (Hg.), Bibel in gerechter Sprache,
Gütersloher Verlagshaus. Ein Unternehmen der Verlagsgruppe
Random House, München 4. Auflage 2006

Bildnachweise

Soweit nicht anders angegeben, stammen die Fotos von der Autorin oder der Verlagsgruppe Patmos. Alle anderen von: © Iris Horstmann (95); © Jochen Keil (56, 90/91, 96, 119); © Britta Kömen (9, 16, 20, 24/25, 27, 33, 68, 71, 72/73, 76/77, 108); © Andrea Langenbacher, www.wortweise-bilderreich.de (115); © Maria Saam (85, 111); © www.istockphoto.com (6: MrJPEG; 83: vinhdav; 93: cyano66; 107: SDivin)